少子化に挑む保育園

コビープリスクールに見る解決のカギ

Tsuneyoshi Noji
野地秩嘉 著

プレジデント社

コビープリスクールの子どもたち、みんな、丈夫な体、健康な心を持つ人になってほしい。

私は行儀のいい子、よくできた子になってほしいとは思っていません。頭のいい子、強い子であればいいとも考えていません。

人間の一生はいいことばかりではありません。

世の中へ出ていくと、つらいこと、悲しいことはたくさんあります。思ってもみなかったことに直面します。病気もします。災害も起こります。そして、世界がつねに平和であるとも限りません。

だから、私は何があっても負けない子に育ってほしい。

つらいこと、悲しいことがあっても、くじけることなく、微笑みながら人のことを考え、人を助けられる優しさと思いやりを持った子どもを育てたい。

それが私の願いです。

コビープリスクールズ代表　小林照男

目次

第1章

95%の保護者に支持される保育園

人口増が続く東根市の子育て政策

日本の人口は減っている。

国立社会保障・人口問題研究所が国勢調査（2020年調査）をもとに日本の将来人口を推計したものがある。それによれば2020年の1億2615万人から、50年後の2070年には8700万人に減少する。

今後、50年間で約4000万人の人口が減っていく。1年にすると約80万人だ。1年間で大阪府堺市（80万9484人）あるいは静岡県浜松市（78万9822人）といった市と同じくらいの人間がいなくなる。もしくは人口が約40万人の岐阜市、富山市、長崎市のような市のうち2つが消えてしまう。

人口が減っていくなか、65歳以上の高齢者の割合は２０２０年の28・６％から上昇し、２０７０年には38・７％になる。10人に４人が高齢者だ。

一方、子どもの数はなかなか増えていかない。

２０２４年４月、民間の有識者で組織される「人口戦略会議」は、日本の１７２９自治体の４割にあたる７４４の自治体で、２０５０年までに20代から30代の女性が半減し、「最終的には消滅する可能性がある」とした分析を公表した。「消滅可能性都市」である。それくらいひとりの女性が一生のうちに産む子どもの数は減ってきている。

その指標、「合計特殊出生率」は２０２２年は１・26だ。それが２０７０年には中位推計で１・36となる予想になっている。出生率の数字が現在よりも高くなるとされるのは今後、人口を増やすための施策が行われることを考慮しているからだ。しかし、どうなるかはわからない。

今のところわかっているのは今後も日本の人口は減り、高齢者は増え、子どもは減ること。

少子高齢化についてはネットやマスメディアのニュースで漠然とつかんではいたけれど、こうして数字を見ると日本の将来は明るくない。

だが、少子高齢化の進展を少しでもさまたげる方法はある。実際にその方法を駆使して、人口を増やしている地域、自治体がある。さくらんぼで知られる山形県の東根市だ。日本の総人口、東北地方の人口、そして山形県の人口は減少しているにもかかわらず、東根市の人口は1970年代後半から増加している。

同市の市長、土田正剛は人口が増えているのは「子育て政策に力を入れたから」だと言っている。子育て政策を充実させたことで、周囲の自治体から東根市に移住してくる世帯が増えた。そのため人口が増えたのである。日本が取るべき政策も日本国で生まれる赤ちゃんを増やそうとするだけでなく、周囲の国から移住を促進しなければ人口増加にはならないだろう。

話は東根市に戻る。

土田は1998年、東根市長選挙に出馬し無投票で初当選してから7選を果たしている。うち6回は土田を相手にして立候補しようという人間がいなかった。無敵で無投票の当選だった。

最強の市長、土田はこう言っている。

「私が市長に当選した年の東根市の人口は4万4000人ほどで、それが今、4万8000人前後（4万7860人　2023年）になりました。人口を増やすためにいろいろな施策をやったのですが、大きな要因は2つ。保育園の運営方法の改革と公立の中高一貫校、東

子育て政策に力を入れる山形県東根市、土田正剛市長

桜学館を誘致して開校（２０１６年）したことです。どちらも子どもを持った親が移住してくるわけです。東桜学館を誘致した時、私は県の教育委員会に、東根がいちばん適地じゃないかと言ったのです。なぜなら、人口が減ってない。むしろ増えている。新しい学校をつくるのであれば東根が適地なんです、と」

土田は当選してから精力的に動いた。それまで東根市は「特色のないことが特色」と揶揄されていた町に過ぎなかった。彼が手を付けたのは山形新幹線が新庄まで延伸するのを機会として、市のＰＲをすることだった。ＪＲ東日本に陳情して、山形新幹線の開通に合わせて建設された新駅に「さくらんぼ東根駅」の名称を付けた。

土田は「うちの市はＰＲが下手だった」と言った。

「東根市はさくらんぼの生産量は日本一だった。だが、それをＰＲすることをしなかった。だいたい、あの頃はさくらんぼというと、寒河江《さがえ》が有名だった。それは観光果樹園が多かったから。１位が寒河江、２位が天童、そして山形、上山《かみのやま》、東根は5番目だった。これじゃいかんとまず市長に就任した後、翌年の開通に合わせて『さくらんぼ東根』という名前を考えて、それを持って仙台まで陳情に行った。そうしたらその名前に決まった。山形新幹線は往復で17列車くらい、さくらんぼ東根駅に停まる。新幹線の車内で毎日、１００回は『さくらんぼ東根』とコールされる。これは大きいです。カネに換算できないものすごいPRになりました」

市のPRに続いて手を付けたのは子育て支援についての数々の政策だった。

2000年からは他の地域に先駆けて子どもの医療費の無料化を始めた。当初は第三子の子どもの医療費を無料にした。すぐに、就学前の子どもを無料にして、次は小学校6年生まで、中学3年までと進めていき、現在では高校3年まで医療費は無料になっている。しかも所得制限はない。乳幼児から高校生まで医者にかかってもお金を払わなくていいのである。

他にも学童保育所を整備し、第三子以降の保育料を無料化し、妊婦健診の助成を達成した。保育所、子育て支援センター、総合健診室、休日診療所などを含む施設、「さくらんぼタントクルセンター」を整備した。利用料無料で遊具が揃った屋外の子どもの遊び場「ひがしねあそびあランド」もつくった。

東根市を訪問して、わたしはさくらんぼタントクルセンターとあそびあランドを見学した。11月だった。寒かったけれど、雪は降っていなかった。平日の午後の時間だったが、さくらんぼタントクルセンター、あそびあランドには多くの利用者がいた。利用者は小学校へ上がる前の幼稚園児と母親だ。保育園で子どもをピックアップした母親と子どもがいた。施設がにぎわっていたのは立地がいいからだろう。

さくらんぼタントクルセンターは市の中心にある。市庁舎の隣で、しかも、市庁舎よりも立派で新しい。市で働く父親、母親にとっては保育所が隣にあるので非常に便利である。また、幼い子どもを連れた母親が行政に用事があった場合、帰りに子どもを遊ばせることができる。

あそびあランドの向かいはJAファーマーズマーケット「よってけポポラ」である。農産物直売施設であり、規模の大きな食品スーパーと言っていい。よってけポポラには地元客と観光客が集まってくる。季節の果物が揃っていて、しかも安い。桃、ラフランス、リンゴ、シャインマスカット、ぶどう……が棚からあふれていた。名産のさくらんぼが採れる初夏には、店の前に500人以上が行列する。

そして、幼稚園、保育園に子どもを迎えに行った母親はあそびあランドで少しだけ子どもを遊ばせる。その後、よってけポポラで夕食の買い物をしてうちに帰ることができる。

全国各地に子育て支援の施設はある。しかし、市庁舎の隣といった一等地につくる自治体は東根市だけではないだろうか。それは「子どもを大切にしている」というメッセージになる。

2008年から同市は保育園の一部を公立から民間に委託することにした。市の経営であれば勤務する保育士、事務員は公務員だ。朝早くから園を開けたり、また夜遅くまで子どもを預かったりといった柔軟な運営はしにくい。そこで市長は民間保育事業者を募ることにした。ただし、市長自身は応募した事業者の選択には関与しなかった。

土田は思い出す。

「保育園の経営は、それまでは市がやっていたのです。けれど、市がやると何かと制限が付く。柔軟な運営ができない。そこで広く公募したところ、民間の業者、8社が応じてくれました。

プレゼンテーションをやってもらって、助役以下が話し合いで決めたら、最初のケースは千葉のコビープリスクールに決まったんです。普通は選挙のことが頭にあるから事業者の公募は東根市内だけで選ぶのだけれど、私は選挙のことは少しも気にならなかった。それよりも、経験が豊富で、子どもたちと保護者にとって、いちばんいいところに来てもらおうと思った。全国レベルでいいところを募集したんです。それで決まったのが千葉県野田市のコビープリスクールだった。

その後、保護者にアンケートしました。民間事業者の保育の質はよかったかどうかを聞いたわけです。保育園を呼んだだけでなく、ちゃんとフォローしないといけないからね。そうしたら、なんと95%の保護者がコビーさんの保育の質を評価すると答えてきた。そこで、2011年にもまた応募してもらった。当市ではコビーさんだけでなく、他の民間事業者にも運営を委託しています。公立でやるよりも、その方がいいと思ってますよ」

東根市は魅力のある町だ。

まずは食べ物の魅力だ。さくらんぼ、ラフランスに代表される果物がある。米も野菜も肉も魚もリーズナブルな価格で、フレッシュだ。交通の便もいい。新幹線の駅があり、なおかつ山形空港が至近の距離にある。新幹線と飛行機のおかげで首都圏、関西圏から日帰りで同市を訪れることも可能だ。土地が安いことも魅力だ。東根市は山形市、天童市に比べて地価が安い。山形市内までの通勤時間は車でも電車でも30分程度だから、移り住んだ若夫婦が家を建てて子どもを育てるのに適している。

ただ、市長によれば人口増加の要因で最も大きいのは、「なんといっても子育て政策の充実だ」という。食べ物、交通の便、地価の安さはメリットではある。食べ物はおいしいに越したことはない。新幹線の駅や空港があれば便利だ。だが、若い夫婦が移住するための最大の動機は子どもたちを安心して育てることができるかどうか。そして、育った子どもが一流大学へ進学できるような中学校、高校があるかないかにかかっている。それで東根市には周囲の自治体から子育て中の夫婦がやってくる。

東根市の人口増加は地元で生まれ育った人間たちが子どもをたくさんつくるのを待つのではない。周囲の自治体から若い夫婦を移住させることで実現している。

「自然増よりも集めて増やす」

日本の地方自治体がやるべきことはそれだ。そうして自治体同士が競争して若い夫婦を集める。ひとり暮らしよりも、子どもを持った夫婦、子どもを持とうと考える若夫婦を引き付けることしかない。

政治家や有識者が「子どもを産め」なんて言える時代ではない。自治体は子どもを持つ保護者が安心できて、未来を確信できる環境をつくるしかない。

東根の市長、土田は団体、組織、高齢者に向けての政治をやったわけではない。子どもと保護者に向けての政治を行った。それで移住者が増えた。

土田はうなずく。

「私は子どもたちに遊んでもらいたかった。さくらんぼタントクルセンターにしても、あそびあランドにしても、勉強するところじゃないんだ。みんなで遊ぶための施設だ。さまざまな年齢の子どもたちが一緒に遊んでいるうちに後輩は先輩を敬う。先輩は後輩を慈しむ、大勢で遊んでいれば自然とそうなる。私が市長に就任した時、子どもは学校から帰ってくるとテレビゲームばっかりやっていた。テレビゲームばかりやっていると、子どもは感情を表現しなくなる。外に出て遊ばせないとダメだと思った。

保育園をきちんとして、中高一貫校を持ってきたのは、これは究極の子育て政策です。

そうやって子どもを呼び込んだら親が付いてくる。東根では移住し、住宅を新築または購入した世帯に向けて助成金を出しています。18歳未満の子どもが一緒に移住してきたら、居住地区などの条件にもよりますが、子ども2人の世帯であれば最大で80万円。私が助成金を出すと言ったらね、当時の総務部長が『それはバラマキですよ、市長』と言ってきた。私はね、言い返したんだ。『何を言ってる。これは初期投資だ。移住者が東根に住んで家を建てたらやがては固定資産税を納めるようになる。行政だって初期投資を考えなきゃダメなんだ』」

コビーはなぜ山形に保育園をつくったのか

東根市には千葉からやってきたコビープリスクールの保育園が2園ある。ひとつは、さくらんぼタントクルセンター内にある定員150名の「ひがしね保育所」だ。もうひとつは市内にある定員150名の「さくらんぼ保育所」。

ひがしね保育所の子どもたちはタントクルセンター内のけやきホールで遊具によじ登って遊んでいた。さくらんぼ保育所の子どもたちは広い園庭を駆け回っていた。市長の考え通り、0歳児以外の子どもたちはテレビゲームに見向きもせず、それぞれが全身を使って遊んでいた。

それにしても、全国チェーンの保育事業者ではないコビープリスクールはなぜ山形に園をつくったのか。そして、95%という高い支持率で東根市の保護者を満足させているコビープリスクールという保育園はどういった事業者なのか。誰がつくったのか。そして保育の質をどのようにして向上させているのか。子どもたちは満足しているのか。

わたしはそのすべてが知りたい。

第2章

〝伝説の保育士〟と呼ばれた創設者

戦後の保育園の歩み

日本で保育園（保育所　法律上の正式名称）が誕生したのは明治時代のことだ。1872年、学制の公布により、各地に小学校が設立された。ただし、就学率は高くはなかった。1883（明治16）年でも男子69・3％、女子35・5％。女子は半数以上が小学校へ通っていない。当時、男子も女子も貧しい家庭の子どもは自分の弟や妹、あるいは他人の家の乳幼児の子守をしていたため、学校には来られなかったのである。そのため、子守をしていた子どもたちを教育しなければならないと設立されたのが「子守学校」だ。保育園のさきがけは子守学校だった。そして、同種のものとして工場付属の託児所、貧困家庭児を対象とする託児所、農繁期に農家の子どもを預かる託児所などが登場した。なお、託児所とは文字通り、子どもを預かる場所の意味だ。

一方、幼稚園ができたのは1876年だ。文京区湯島に東京女子師範学校付属幼稚園が日本で最初の幼稚園として開設された。

このように当初から保育園（子守学校、託児所）と幼稚園は異なる形で始まった。保育園は子どもを預かることが主で、幼稚園は就学前の子どもを教育する場だった。

明治期に始まり、発達してきた保育園は太平洋戦争の後、大きく変わった。戦災で多くの保育施設が失われ、保育ができなくなったのだった。

『日本の保育の歴史』（萌文書林）には、こうある。

「1945（昭和20）年度については資料もなく、とくに都市部は壊滅状態であったと思われる。戦後の1946（昭和21）年度は、戦中の1943（昭和18）年度に比べて幼稚園、保育所とも激減している。この時期、都市部では焼け跡で青空保育がとりくまれ、子どもたちに楽しい遊びを提供した」

青空保育とは園舎がないため、空き地もしくは公園で子どもたちを遊ばせたことをいう。雨が降ったら休園になってしまったのだろうが、子どもたち自身は長時間、部屋のなかにいるよりも楽しんでいたようにも思える。

そう思ったのは、わたしがコビープリスクールの保育園を見学したからだ。2年かかって全34園のうち、15園を見学した。どこであっても、子どもたちがきゃあきゃあ声を上げていたのは園庭を走り回っている時だった。どれほどきれいな園舎のなかにいるよりも、子どもは自然のなか、青空のもとにいる方が楽しいと思うに違いない。

話は戻る。1947年3月、学校教育法が成立し、幼稚園は学校の一種として制度化された。同じ年の11月には児童福祉法が成立し、保育園が児童福祉施設としてこれも制度化される。そして、その後、全国に幼稚園、保育園が普及していく。

同じ頃、ベビーブームが起こり、保育園は激増していった。その状況は数字に表れている。1950年の全国保育所数は3684か所で入所児童数29万人。5年後の1955年には8392か所、65万人となった。当時はまだ、待機児童という言葉はなかった（注言葉自体は2010年頃から）が、保育園を必要とする子どもは多く、不足は解消されなかった。当時、管轄だった厚生省児童局は要保育児童の数を調べているが、保育園に入っていない「保育に欠ける」児童数を、次のように推計している。

1950年6月の調査では「親の労働のため」保育に欠ける児童の数8万2628人、「親の病気等のため」保育に欠ける児童の数9615人で計約9万2000人。

1953年6月の調査では上記と同様の2つの理由で保育に欠ける児童数が26万6000人だった。すでにその頃から保育園に入所するのは易しくはなかったのである。

そして、現在。

保育園はこども家庭庁管轄だ。保育園に通う子どもは「保育に欠ける事情」がある1歳未満から小学校入学前の子どもたちとなっている。保育に欠ける事情とは、親が仕事を持っていたり、病身などで子どもの保育ができなかったりする状態を言う。

保育園にはいくつかの形がある。国と自治体が公費で支援するのが次の施設である。

認可保育所。0歳から小学校に入学する前までの子どもが、保護者のもとから通って、みんなで一緒に過ごすところ。定員は20人以上となっている。他にも保育施設として認定こども園（0～5歳）、小規模保育（0～2歳）、事業所内保育（0～2歳）がある。施設ではないが国と自治体が公費で支援する保育の認可事業もある。家庭的保育（保育ママ）（0～2歳）、居宅訪問型保育（0～2歳）だ。前者は保育ママが自宅で少人数の子どもの面倒を見る。後者は自宅を訪ねて、働くママがいない間、保育する。（出典は厚生労働省の「ほいくしょ　いち・に・さん」）

そして、認可保育園の預かり時間は8時間（標準保育時間）が基準で、延長保育をやっているところもある。以上が保育園である。

一方、幼稚園は文部科学省の管轄で、先生は教諭免許である「幼稚園教諭免許状」を持っていなくてはならない。もっとも、保育士と幼稚園教諭の両方の資格を持つ人も少なくない。幼稚園の入園対象は3歳から小学校入学前の子どもだ。つまり、0歳から2歳まで、ママたちは自分で育てるか、もしくは保育施設に預けることになる。2歳まで保育園で育って、3歳からは幼稚園へ通う子どももいる。幼稚園にいる時間は4時間が基準だ。幼稚園でも延長保育、夏休みや冬休みでも預かり保育を実施している園はあるけれど、基本的には保育園より短い預かり時間となる。保育園、幼稚園に加えて、保育園と幼稚園の両方の機能を持つ「認定こども園」というものもあり、数は増えている。こちらの管轄は以前は内閣府で、現在はこども家庭庁となった。そして、現在、幼稚園の数は減りつつあり、保育園は増えている。少子化で子どもの数は減っているが、働くママが増えているからだ。

これが日本の保育園、保育施設の歩みだ。

そして、本書に出てくるコピープリスクール（以下、コピー）の前身、「大師山保育園」がスタートしたのが戦後の保育園普及期だったのである。

寺の境内にできた大師山保育園

千葉県野田市に大師山保育園ができたのは1948年。児童福祉法が成立した翌年のことだ。野田市はキッコーマンの創業の地である。東武アーバンパークラインの野田市駅を降りて工場の近くに行くと空気のなかに醤油の香りが漂う。空腹の時は醤油味のおかずとごはんが食べたくなる。

大師山報恩寺は真言宗豊山派の寺で、野田市でも指折りの古刹だ。本尊は弘法大師、空海である。開創は室町時代、1395（応永2）年にまでさかのぼる。境内は広く、敷地は起伏があり、欅、いちょうなどの大木が生えている。そして、報恩寺は古刹ではあるが、閉鎖的ではなく、開かれた寺だった。

当時の住職は後に僧侶の最高位、大僧正となる古谷光隆だった。古谷は野田町（当時）に保育園が少ないと聞くと、自ら手を挙げて子どものための施設をつくったのである。ただ、園長は息子の古谷光堂に任せた。光堂はコピーの今の代表、小林照男の伯父にあたる。

報恩寺にできた保育園が近隣の評判になったのは設立されてから数年以上も経った後のことだった。1954年、住職の次女「伝説の保育士」と呼ばれた小林典子が入職し、彼女が保育士として成長するにつれて、その保育スタイルをほめる保護者が出てきたのである。

典子は小林照男の母親で、2000年に64歳で亡くなる。入職してから亡くなるまでの

45年間に、1万名近い子どもを保育し、数百名の後輩保育士を指導した。ただし、彼女はずっと大師山報恩寺の保育園に在籍したわけではない。同保育園は公的施設が増えたため、1982年に閉園した。その後、彼女は無認可施設、「のりこの保育室」を始めた。人数が少ない保育園で自らの哲学に沿った保育を行っていたのである。そうしているうち、1990年、柏市の認可保育園「ひかり隣保館保育園」から「園長になってくれないか」と声がかかった。園児の数が減少し続けていたひかり隣保館保育園から立て直しのために呼ばれたのである。

典子はせっかく立ち上げたのりこの保育室を娘の佐野早苗に任せ、柏の園に移った。その後、のりこの保育室は佐野から、弟の小林照男が始めた「コピープリスクールのだ」に引き継がれた形になる。

大師山報恩寺の住職だった古谷光隆が地域のためにと始めた保育が娘、孫へと引き継がれていき、小林一家は野田市で保育を続けたのである。

戦後から1980年代まで行っていた大師山保育園の様子を語る証言がある。往時の様子は日本全国の同時期の保育園のそれと変わらないだろう。語るのは荒木富美子。小林典子の同僚保育士だ。

「昔は乳児を預からなかったから、三歳児から五歳児までで、星組、月組、雪組、花組と四クラスあって一〇〇名近い園児がいました。当時の園舎は草葺屋根でね、朝行くと木の雨戸がしめてあるんで、私たち保母（当時　1999年から保育士）が当番制であけたものです。周囲はまだ、蛇がたくさん出るような山でしたよ」

「なにしろお部屋が大きな客殿のひと間しかなかったから、朝のお集まりのときはお手てをつないだ輪っかを二重につくって全員で座ってね、今日はこんなことしましょうねってお約束をして、それで一日が始まるんです。

お帰りのときはよく、みんなでテーブルを囲んでお茶を飲みながら話をしたものです。帰りが遅いお母さんがいると、昔は電話も何もなかったから、お母さんが帰ってくるまで園児と一緒にテーブルを囲んで、いろんな話をしながら待つんです。そうやって園児も保母も毎日のようによく話をしていたから、行事でもなんでもうまくいったんでしょうね」

（『伝説の保育士　のりこ先生の魔法のことば』山田清機　プレジデント社）

ここにあるように、戦後すぐにつくられた保育園のなかには寺社の境内を利用する施設がいくつもあった。客殿とは参拝客が集まる部屋のことで、大師山保育園は客殿に100名近い園児を入れておくことができた。専用施設ができていなかった時代、子ども用の空間を確保できるのは地域の大きな寺社しかなかったのだろう。そして、寺社であれば境内がある。境内を園庭にすればいい。寺社は保育施設としては恰好の建物だった。戦後、すぐの頃は大師山報恩寺のような地域の人たちがよりどころとする寺社や公共施設が保育園として活用されたのだった。

当時は保育士を養成する学校が少なかったこともあって、実務経験を持った人間がまず保母となり、その後、資格試験を受けるのが一般的だった。小林典子もまた高校を出た後、親族が経営する大師山で仕事を覚え、そして、保母の資格を取得している。

小林典子の保育哲学

前掲書は小林典子の人物とその保育スタイルをまとめたものだ。彼女は試行錯誤しながら子どもと保護者のための保育スタイルと哲学を確立した。そして、長男の小林照男は彼女の保育スタイルを受け継ぎ、かつ進化させている。

では、彼女の保育スタイル、哲学とはどのようなものだったのか。詳しくはコピーの保育ができていく過程で説明していくが、その前にポイントだけをまとめておく。

「伝説の保育士」と呼ばれた創設者、小林典子

1　大人の都合で保育をするのではなく、子どもと保護者のための保育をする

公立、私立に関係なく、保育は施設の都合で成り立っている場合が多い。たとえば、保育の時間だ。公立で働く公務員は朝の7時前に出勤することはほぼできない。小林典子は大師山保育園、その後身の、のりこの保育室を午前7時には開けて、夜も9時過ぎまで保育していた。午前7時に園を開けるためには保育士は午前6時30分には登園していなくてはならない。そして、延長保育で夜の9時まで園にいたら、出るのは午後の10時になってしまう。過酷な労働だ。それでも典子は早朝保育、延長保育を行った。

朝早くから働かなくてはならない保護者、急用ができて帰りが遅くなってしまう保護者のことを考えたのである。そして、迎えが遅くなる保護者のために、園に残る子どもには軽食を食べさせた。朝は送りに来たママたちにお茶やコーヒーを出すこともたびたびだった。自らの勤務時間を顧みないで、子どもと保護者のことを第一に考えるユーザーファーストの保育だった。

2　行事と体験を大切にする保育

小林典子は行事と体験を大切にした。それは子どもたちを成長させるだけでなく、

保育士もまた成長するからだ。そのため毎月、何かしらの行事を行った。それも運動会、学芸会といった、どこの保育園でも行う標準的な行事だけではなかった。お正月遊びから始まって、チャンバラごっこ、七夕、夏休みの宿泊を伴った自然体験、お月見会、クリスマス会などを次々と取り入れ、実行した。自主参加ではあったが、園児を海外へ連れて行く体験もさせた。典子自身は引率しなかったが、アメリカのケンタッキー州、オレゴン州、ハワイ州への体験旅行を行った。

3

マトリクス保育

通常、保育園は同じ年齢の幼児をまとめる年齢別保育だけを行っている。小林典子はそこに「異年齢児交流保育」、つまり、縦割りの保育を加えた。5歳児がお兄さん、お姉さんとして2歳児、3歳児の面倒を見て、慈しむ状態をつくりだす。低年齢の幼児は年齢が上の子どもをお兄さん、お姉さんと慕う。2つを融合させた保育が「マトリクス保育」だ。東根市の土田正剛市長が目指した遊びのなかで後輩が先輩を慕う保育を典子はすでに行っていた。

4　本物を与える保育

典子は保育園での食事ではプラスチックの食器を使わなかった。陶器、ガラスの器で食事をさせ、ナイフ、フォークを金属製にした。そして、フルコースの料理を体験させた。発表会では本格的な衣装をつくり、普段着ではなく舞台衣装で劇や舞踊、コーラスをやらせた。さらに、才能があると見込んだ子には音楽や絵画の教師、スポーツのインストラクターを紹介したのである。

決して叱ることはなかった

典子の保育スタイル、哲学を覚えているのが東京都中央区箱崎にある「コビープリスクールはこざき」の園長、水城智恵だ。水城は新人として入職した後、典子から保育について教わった。

「私が20歳で就職をした保育園の園長先生が典子先生でした。勤めたのは柏のひかり隣保館保育園で、60人定員のこぢんまりしたところです。私はＳＭＡＰとか光ＧＥＮＪＩが好きな20歳で、保育の短大は出ていましたけれど、何もわかっていなかった。そんな私を典子先生が指導してくださいました。すべてを教えてくださったのです。

まず、保育園って0歳児から5歳児までを保育します。6年間の差は大きく、年齢によって保育の仕方が違うんです。どの年代の子も保育は難しいのですが、一般には赤ちゃんから子どもに変わる2歳児、仕上げの年齢の5歳児が手がかかると言われています。私は新米の何もわからない保育士だったから、子どもが何歳であっても苦労したのですが、何かあればすぐに典子先生に相談しました。すると、すべてを解決してくれたんです。

今、思い出すと、典子先生は絶対に子どもを『叱らなかった』。保育園では注意しなきゃいけないお子さんがいます。ケンカしたり、他の子どもにモノを投げたりするお子さんです。典子先生はそんな時でも絶対に叱らない。トラブルになった子どもを諭しているうちに、その子が話に聞き入ってしまう。

子どものトラブルって、何かに飽きた時に起こるものなんです。たとえば、保育士の話に飽きて隣の子にちょっかいを出したりする。それでトラブルが起こる。でも、典子先生の保育は子どもを飽きさせない。保育士をしているとわかりますが、そんなことはなかなかできないんですよ。今、コピーがやっている保育はそれを目指しています。でも、かなり難しいですね。

もうひとつ、覚えていることは私が新卒で5歳児を担当した時でした。クラスの子が落ち着かなかったので、『もう無理だな』って思って、真っ青になって事務所にかけこんだんです。すると、典子先生が『あなた、ここで休んでいて』と言って、保育を代わってくださいました。私、あの時、疲れて、悲しくて、涙が出てきたのを覚えています。少ししたら、典子先生が戻っていらっしゃいました。

『ちゃんと子どもたちに話してきたから、保育に戻りなさい』。戻ったら、子どもたちが素直に話を聞いてくれるようになっていたんです。まるで魔法をかけたみたいでした。典子先生は叱っていないんです。声を荒らげたわけでもありません。ありがたかったし、不思議でした。通常、園長先生って、事務仕事が多いので、園長室に入ったままの人が多いんです。でも、典子先生はどんどん現場に来て、一緒に指導してくださいました」

保育は命がけの仕事

コビーは1998年の開設以来、現在までに総園数34、アフタースクール7の施設を運営するようになった。子どもたちの数は、3000名以上、職員は約1000名。

業界では知られる保育園グループをつくった小林照男は「保育に命をかけることは母か

ら学びました」と語る。

「ある出来事がありました。私が自分の園をつくったばかりで、預かる子どもは6人しかいなかった頃でした。母から連絡が来たんです。母は当時、入院していました。がんが見つかり、病院で治療をしていたのです。

『ちょっと来て。やってもらいたいことがあるの』

母が園長をしていた柏の園に行きました。預かっていた3歳児のお父さんが迎えに来ないというのです。父子家庭で、いつもお父さんが迎えに来るのですが、その日は午後7時を過ぎても何の連絡もなかった。父親の勤務先に電話しましたが、結局、連絡はつかなかった。そこで、家庭を訪ねて行くことにしたのです。しかし、若い女性保育士がひとりで、男の人が暮らしている家庭を訪問するのは問題があります。そこで私が一緒に付いて行くことになりました。家庭を訪ねてベルを鳴らしても誰も出てきません。一方、園に残された子どもはおなかを空かせて、疲れていたから、うちの姉（保育士　佐野早苗）が自宅に連れ帰って泊まらせることにしました。

私たちは警察に相談し、家族の記録を見て、お父さんの実家がある長野のおばあちゃんに連絡したわけです。おばあちゃんは自宅にいて連絡が取れました。おばあちゃんは翌日の朝、柏にやってきて、子どもの面倒を見る、と。

やれやれと思って、私は母に報告に行くために入院していた、がんセンターに向かいました。もう夜中になっていて、消灯時間を過ぎていたのですが、母は暗い廊下にいました。腕に点滴の針を刺したまま、ベンチに座っていたのです。

『子どもは元気です。風呂に入れました。食事もさせました。明日の朝、実家のおばあちゃんが迎えに来るそうです』と報告したら、母はぼろぼろ涙を流しながら、ひとこと『ちくしょう』と吐き捨てたんです。母は日ごろ、そんな汚い言葉を使うような人ではありません。泣きながら、こう言いました。

『こんな体でなければ、私が入院さえしていなければ、子どもにつらい思いをさせることはなかったんだ。私がいけなかった』

あの時、保育は命がけの仕事だとはっきりわかりました。母がやってきた保育は自分の命をかけた仕事だったんだ。今のコピーができたのはあの時でした。

そう、父子家庭のお父さんですが、自宅で寝入っていたんです。私が訪ねて行った時もぐっすり寝ていたみたいで、翌日にはもう問題解決でした」

小林典子は子どもを愛した。愛する子どもたちに本物を与え、本気で相対した。彼女は壁に飾る絵でも、食器でも、展覧会でもコンサートでも、子どもには本物を見せ、本物に触れさせた。

子どもたちには本気で取り組む姿を見せた。園庭で子どもと競走する時でも彼女は手を抜かなかった。全力で走り、子どもを圧倒した。子どもを抱きしめる時も全力でギュッと抱いた。何をする時でも全力が大事なんだと言い、全力で生きる姿を見せた。

典子は「勉強ができる子になれ、行儀のいい子になれ、静かにして座っていろ」とは絶対に言わなかった。

「何があっても負けちゃいけない」と教えた。

「大人が全力で生きているのは世の中は決して楽じゃないから。いろいろなことがある世の中を生きていかなくてはいけないのだから、何があっても負けない子どもになって」

それが彼女の願いであり、育て方だった。どうして、そう考えるようになったかといえば、生きた時代、触れ合った保護者が影響している。

彼女が保育士になった時代は、まだ保母さんと呼ばれていた。保育園に子どもを預けることは母親失格とみなされるような時代で、働くママは「あなたをこんな目に遭わせてごめんなさいね」と子どもに謝りながら、典子に託した。典子は働くママの目を見つめ、「お母さん、頑張ろうね、私たち」と声をかけた。そして、夕方。子どもを迎えに来た母親が急いで立ち去ろうとしたら、「お母さん、3分だけ。コーヒーを1杯だけ飲んでいって」と座らせた。小さな子を背負い、もうひとりの子どもの手を引いた母親はおとなしく座り、陶器のカップに入った温かいコーヒーを飲む。母親は泣きながら典子に話をした。

「うちの旦那が浮気をして帰って来ないんです」

典子は怒った。

「そんなバカは相手にしちゃダメ。私が付いているからあなた、大丈夫。頑張ろうね、私たち」

典子は子どもを守った。そして働くママの味方だった。「伝説の保育士」と呼んだのは働くママたちだった。あの時代、典子はみんなの守護神だった。

息子の小林照男は「典子先生にはまだ及ぶべくもありません」と心底から思っている。

それはそうに違いない。

第3章

コピープリスクール誕生

「保育士にだけはなりたくない」

小林照男は1969年、千葉県野田市に生まれた。父は小林昭治。ワシントンホテル、椿山荘、箱根小涌園などを運営する大手ホテルチェーンの藤田観光に勤めていた。母親は小林典子。

小林は2歳から母親が勤める大師山保育園に入園した。彼自身がユーザーとして保育園を知っている。

「あの頃、大師山保育園に子どもを預けていたのは近在の農家の人たちでした。保育園に子どもを預けることは母親としての務めを果たしていないような雰囲気があり、保護者は申し訳なさそうな顔をして子どもを預けていく。保育園は福祉施設と思われていました。

母は私よりも他の園児を優先していました。私は園児を代表して怒られる役でした。自宅ではお母さんと呼んでいました。でも、保育園では小林先生と呼ばなきゃならない。それもあって、大きくなってからは母のことを自宅でも、典子先生と呼ぶようになりました」

小林が保育園に通っていた1970年代、幼稚園には「子どもを通わせる」と表現した。子どもを通学させる教育機関だと世間はわかっていた。一方、保育園に対しては「子どもを預ける」である。大半の保育園は子どもに食事を与え、昼寝をさせる託児所に過ぎなかったし、実際、それ以上のことはほとんどしていなかった。そうなると、保護者も引け目を感じ、こっそり子どもを預けにいくという様子だったのである。保護者は何度も何度も頭を下げて、子どもを置いていった。世間の目は「保育園にいる子どもはかわいそう」というものだったのである。

典子は保護者と子どもの味方だった。母親が引き取りに来たら、お茶やコーヒーを出してもてなしたのである。

「さあさ、上がっていって、急いで帰らなきゃいけないんだろうけれど、ちょっとの間だけゆっくりしていって」

そう言いながら、典子は母親たちを集めて、ひとりひとりから子育ての苦労をじっくりと聞いた。母親にとっては典子から子どもの様子を聞くことは何よりも喜びであり、また同じ境遇にいた母親同士で仲良くなることは沈みがちな心を明るくすることだった。

小林照男は子どもの頃から典子の保育スタイルを見ていたし、現場で体験していた。典子の保育がコピーの保育の原型になっていったのも無理はないことだった。

母親が保育士で、彼自身もまた保育園育ちだったにもかかわらず、「保育士にだけはなりたくない」と思っていた。家庭のなかが園のようになってしまい、家庭でも、典子先生に保育されているような気持ちになってしまったこともある。彼には夢があった。それはミュージカルのプロデューサー、演出家になること。小学校、中学校、高校と一貫して、ブロードウェイミュージカルのファンだったというから、ませているというか、ミュージカルオタクだったのだろう。彼は高校時代、日本大学芸術学部を受けた。しかし、2年続けて不合格となる。どうしようかと迷った挙げ句、思いついたのがアメリカ留学だった。

「うちの姉がアメリカに留学していました。姉のホストファミリーと家族ぐるみで親しくしていたこともあって、1990年、私もケンタッキーウエスレヤン大学に入りました」

ケンタッキーウエスレヤン大学で小林は経営学、会計学の2つの専攻科目を取って（ダブル・メジャー）卒業した。留学する前、彼は典子が園長をしていた、ひかり隣保館保育園の保育士、わか子と結婚。2人は一緒に渡米し、わか子は小林が勉強している間、現地の

「メリー・ミッチェル・プリスクール」で保育士として勤務した。わか子はアメリカの保育園の実態、いいところとそうでもないところを体験したのである。

わか子が書いた当時のリポートにはこんな一節がある。

「アメリカの保育園は保護者の利便性を第一に考えている。朝食を出すサービスもそのひとつだ。しかし、一方で、保育の行事はあまり行われていない」

1995年、小林は帰国する。父親が急病になったと聞き、アメリカで決まっていた就職先を断り、戻ってきたのだった。だが、実際に戻ってくると、父親は元気になっていた。小林は学位を2つ持った無職の男になってしまった。

見かねた典子が「うちで働きなさい」と柏のひかり隣保館保育園でアルバイトをすることになった。保育士の資格を持っていなかったので、園庭を整備したり、機器の故障を直したり、園児の登園、降園を見守ったり、近くの公園へ散歩に行く時に引率したりという仕事をした。

ただ、彼はその仕事をしながらも起業を考えていた。それは新しいマーケットへ向けた新しいスタイルの保育園だったのである。

働くママのニーズに合った保育園をつくる

小林がアメリカへ行った前年、日本の保育政策を大きく転換する出来事があった。それが俗に「1・57ショック」と呼ばれるものだ。

1989年、合計特殊出生率が1・57を記録したのである。合計特殊出生率とは15歳から49歳までの女性の年齢別出生率を合計したもので、ひとりの女性が生涯に産む子どもの数の平均をいう。1・57は当時、過去最低の数字だった。

なお、この数字、2022年は1・26となっている。また、この統計が始まった敗戦後の1947年の数字は4・54だ。ひとりの女性が4人から5人の子どもを産んでいたのである。1989年は昭和天皇が崩御し、元号が平成に変わった年だ。バブル景気の真っ最中で、その年の大納会では日経平均株価がそれまでで最高の3万8957円44銭を付けている。日本中が浮かれている時代だったので、1・57ショックをショックと思っていたのは保育園、幼稚園など関係者だけだった。

ただ、この年以降、政府は少子化対策、子育て政策に手を付ける。その最前線が保育園だったのである。

少子化対策、子育て政策として保育園が担ったのは0歳児から2歳児の低年齢保育と延長保育の推進だった。そして、地域の子育て支援の拠点としての保育園をつくるといったもので、現在でも続いている少子化対策はこの後の時代から整備されたものだ。

さて、小林照男がアメリカから戻ってきて、母親の園でアルバイトをしていたのは1995年から97年の間だ。彼は保育園を継ぐつもりはなかったが、就職する気もなく、起業を考えていた。ひかり隣保館保育園でアルバイトをしながら、新しい保育園をつくることを模索していた。きっかけは毎日、保育園に行き、園庭を掃除したり、おもちゃを片付けたりと現場の仕事をしている時に感じたことがあったからだ。小林は保育園へ子どもを預けにくる保護者が変質してきたことに気づいたのである。

戦後、保育園に子どもを預けるのは両親ともに働かなければ食べていけない世帯、または父母のどちらかがいないため、ひとり親が働いていた世帯が中心だった。男親が働き、妻が専業主婦をしている世帯は子どもを幼稚園に通園させて、幼児教育を受けさせていたのである。

保育園に子どもを預けるのは低収入もしくはひとり親の世帯であり、高収入の世帯は幼稚園へ子どもを通わせるのが世間の常識だったのである。

だが、小林が現場にいると、常識とは違う世帯の人たちが子どもを預けに来るようになっていた。医師、教師といった父母の家庭は高収入世帯だ。だが、母親は仕事を持っている。専業主婦ではないから4時間程度しか子どもを預かってくれない幼稚園に通園させることはできないのである。そこで、保育園に入れることになる。しかし、当時、国も地方自治体もそういう事態を予想していなかった。高収入の親は子どもを幼稚園に入れるものと思い込んでいたのだった。

だが、高収入で共働きの世帯はその後も増えていった。キャリアを持つ女性が仕事を継続することは社会の要請でもあったのだから。

小林照男はそこに気づいた。そして彼はひとりで調査を始めた。

「野田市役所に行って、住民台帳を見ながらさまざまなことを調べました。当時はまだ個人情報に対して管理が厳格ではなかったので、そういう調査ができたわけです。わかったことは少子化が確実に進んでいることでした。しかし、ひとりっ子世帯だけになったわけではなかったのです。合計特殊出生率を算出する場合、未婚女性、子どものいない女性も入っています。その人たちのことを考えると、結婚している人で子どもがいる方はたいてい2人以上の子どもを産んでいたのです。

また、野田市に住む女性の最終学歴も調べました。すると、大学へ進学した女性はこれもまた確実に増えていたのです。

想像した通りでした。野田市のようなベッドタウンにはキャリア志向の若い夫婦が多くいる。さらに、そういう人たちは高収入のまま共働きを続けたい。だから保育園に子どもを預けたい。しかし、当時の認可保育園は高収入の共働き夫婦のお子さんはなかなか入園できないようになっていた。認可保育園は収入が低くて、ひとり親世帯の子どもを優先的に入れていたからです。そうすると、高収入で共働き世帯のお子さんは保育園に入りづらい。私はこうした世帯のお子さんを預かる新しい保育園を始めようと思いました」

認可保育園になかなか入れなかったのはすでに待機児童が現れていたからだ。加えて、現場には「保育は福祉」という考えが根強く残っていたこともある。高収入の世帯の子どもは幼稚園へ行くべきで、保育園が預かるわけにはいかないといった暗黙の了解とも言える空気があった。

厚生労働省の「働く女性の実情　令和4年版」には次のような数字が載っている。

「令和4年の女性の労働力人口は3096万人と前年に比べ16万人増加し、男性は3805万人と22万人減少した。この結果、労働力人口総数は前年より5万人減少し6902万人となり、労働力人口総数に占める女性の割合は44・9％（前年差0・3ポイント上昇）となった。また、女性の労働力率（15歳以上人口に占める労働力人口の割合）は、54・2％（男性71・4％）と前年に比べ0・7ポイント上昇した。

女性雇用者数は2765万人となり、前年に比べ26万人増加した。一方、男性雇用者数は3276万人となり、前年に比べ2万人減少した。この結果、雇用者総数に占める女性の割合は45・8％（前年差0・3ポイント上昇）となった。

（中略）女性雇用者について産業別にみると、もっとも多いのは、『医療，福祉』の669万人で、『卸売業，小売業』が516万人でこれに次いでいる。また、増加者数が多かったのは、『医療，福祉』、『サービス業（他に分類されないもの）』であった。」

これは現在の数字だが、働くママは今でもまだ増えている。共働きは増える一方だ。そして、共働き世帯が子どもを預けたいのは長時間の保育をしてくれる保育園だ。だが、いまだに一部の認可保育園に入るのは簡単ではない。

さて、小林は調べたことをもとに「働くママたちのために新しい保育園をつくらなければならない」と決めた。

「当時の保育園で提供していたサービスが利用者のニーズに合っていなかった。野田市では働く女性は増える一方でした。ですから保育マーケットが拡大していくことは確信していたのです。そして、ダブルインカムで高収入の共働き夫婦が望んでいた保育はそれまでのような子どもの面倒を見るだけではなかった。教育であり、体験でした。私は決めました。新しい保育園では、子どもたちに幼稚園とは違う形で教育を行う。いろんな体験を積んでもらう。そして、何があっても負けない子どもを育てる。そう決めました」

有限会社コピーアンドアソシエイツ設立

1995年から3年間、小林は典子の園で働きながら、調査を進め、事業計画書をつくった。

事業計画の作成を終えた後、小林は地域の銀行を回って資金計画のプレゼンテーションを行った。自分の金だけで保育園をつくることはできなかったので、借金で賄うことにしたのである。小林自身、金は貸してもらえると胸算用していた。何よりも事業計画は上出来だったからだ。さらに母親は現役の保育園園長である。父親も一流企業の幹部だ。保育園にする土地は自宅である。そのうえ、プレゼンテーションにも自信を持っていた。彼は子どもの頃からミュージカルの演出家を目指していた。大勢を前にした状態で話すと高揚するタイプだ。緊張なんかしない。子どもの頃から母の保育を見ていたし、自身もそこで育った。保育園のいいところ、悪いところをすべてわかっていた。

極地に住む民族は雪を表現する言葉をたくさん知っているという。小林は子どもと保育についての表現を誰よりもたくさん知っていて、プレゼンテーションすることができた。

銀行でのプレゼンテーションでは独特の表現を使って子どもと保護者と保育について話すだけでよかった。彼は自分が考えた保育、新しいマーケットができていること、未来の保育園のあり方を語った。そうして、プレゼンテーションを終えた後、銀行の担当者の口元を見た。当然、「融資いたします」だと思った。ところが、最初に訪れた銀行では「残念ながら今回は」と融資を断られたのだった。しかし、彼はまったく動じずに次の銀行へ行った。同じように話をした。計画を見せた。保護者と子どもたちのために新しい保育園をつくりたいと話した。だが、2番目の銀行でも「残念ですが」と断られた。3番目も4番目も5番目も気合を入れて話をしたけれど、「ノー」だった。いずれの銀行も飛び込みでずかずかと入っていったわけではない。ちゃんと紹介者を立てていた。それでも、ダメだった。どこでも担当者の言うことは同じだった。

「小林さん、立派な事業計画書です。たしかに、マーケットも変化している。感服しました。しかし……。これからは少子化です。子どもの数が減っていくのに私立の保育園を設立して立ち行くのでしょうか。私は大丈夫だと思うのですが、上司が納得しません。また、来年、別の事業計画を持ってきていただければ当行としては最大限の助力を考えております」

どこの銀行でも担当者はそう言った。だが、表情には不安が浮かんでいた。

「この人、今から保育園をつくるなんて……。少子化のことはわかっているのだろうか」

最後の頼みの綱で千葉興業銀行を訪ねたところ、そこだけは幹部が出てきて、笑って言った。

「ご融資させていただきます。ただ、保育園の土地を担保にしていただき、さらに保証人を何人かお願いできれば申し分ございません」

こうして小林は有限会社コビーアンドアソシエイツをつくることができた。銀行から借りた金額は4500万円。会社はつくることができたけれど、売り上げはなかったので、給料はゼロだ。会社をスタートさせて、最初に取りかかったのは資本金から70万円を下ろして、コーポレートマークとブランドロゴをデザインしてもらったこと。さすがに母の典子と妻のわか子はびっくりしていた。

「1円の売り上げもないのに、デザイン料に大金を使うなんて、どうかしている」

しかし、「ロゴデザインのセンスがいいから」と子どもを預けに来た親がいた。小林が出した70万円は有意義だった。

園舎は子ども目線で設計

「コビープリスクールのだ」は、もともと「のりこの保育室」が使っていたところだった。つまり、小林家の自宅である。

当時、彼は父親、母親（典子）と同居していた。150坪の敷地がある二階建ての住居で、壁を接してキッチンと4室の保育園を建て増ししたのである。定員は35人と決め、ゆとりのある設計にした。しかし、初年度、入園してきた園児は6人で、うち2人は彼の長男の隆太朗と姉の子どもだった。

小林は言う。

「お金はなかったのですが、園の設計にはできるだけ自分のプランを入れました。階段の踏み込みは小さな子どもにとってのちょうどいい高さを研究して、その高さにしました。トイレも大人と同じサイズではなく、子ども用のサイズです。園庭には池をつくり、池に反射した光が園舎のお昼寝の部屋の天井に映るような設備もつくりました。ゆらゆらと揺れる光が天井に反映されれば子どもたちに癒やしの効果を与えることができるからです」

さらに、入口は自動ドアにすること。働くママたちは預けに来る時、子どもを抱っこして荷物を持ってやって来る。両手がふさがっている状態だ。小林は以前からなぜ保育園のエントランスを自動ドアにしないのかと不思議だった。それで、実際に取り付けたのだが、保護者から問い合わせが来た。

「子どもが中から開けて外に出てしまうのでは」

小林は「大丈夫です」と請け合った。

「子どもが開けられないよう、中のスイッチは手の届かない高さになっています」

洗面台の水道栓も自動にして、水は温水が出るようにした。子どもたちは蛇口に触れることなく手を洗うことができる。そして、温水であれば子どもたちは手洗いを嫌がらない。こうした工夫は他の保育園では当時、珍しかった。保育園の園舎の設計、設備は大人の目線で行われたものが多く、コビーの園舎のように、子ども目線で設計されたところは業界初と言ってよかった。ただ、保育業界からはほとんど評価されなかった。

ある小学校の先生からは「コビーさんのようにドアでも水道でも自動にすると子どもが自分で水道の蛇口を開けることができなくなる」と言われた。

小林は「そんなわけないだろ」とは思ったが、口には出さなかった。子どもは自宅に戻ればいつでも水道の蛇口をひねることができる。その小学校の先生は何が何でもコビーに文句を付けたかったのだ。保育業界、教育業界は保守的で、閉鎖的で、かつ、建前だけが横行する。新しいこと、便利なことを取り入れたりすると、必ず文句を言う人間が出てくる。小林は新しいことをやりたいと保育園をつくったために業界の一部の人たちからは酷評されたのだった。

コピープリスクールのトイレは廊下と床面の高さを同じにして、子どもが段差で転ばないようにした。さらに子どもがトイレを怖がらないよう、明るい内装にした。するとまた、見学に来たある教育関係者から「こうしたオープンな設計だとトイレのにおいが園舎に漂うから段差を付けろ」と指摘された。しかし、小林はちゃんと対策を立てていた。トイレの中の気圧を下げるシステムを入れ、トイレからのにおいは外に漏れないようにしていたのである。その後、こうした工夫はコピーの園ではどこでも取り入れられるようになった。

増えていく園児たち

自分の園を持った彼は園庭の整備から園児の食事づくりまでできることは何でもやった。園長ではあったけれど、やっていることは母親の園で手伝いをしていた時とそうは変わらない。それでも彼は意気軒高だった。6人でスタートした園児の数は1年も経たないうちに10人になり、翌年には20人、翌々年には35人となった。無認可の園では珍しいことに、3年間で、入るのが難しい人気保育園になったのである。

それでも彼は無給だった。主任保育士の妻にはわずかな給与を払い、長男の保育料は規定のそれを支払った。親子3人で暮らしていたが、生活は苦しく、280円の牛丼がごちそうだった。

小林は語る。

「3年経った時、定員を増やさなければならないと思いました。地元の野田だけではなく、柏や松戸、いちばん遠くからは船橋から片道2時間もかけて、子どもを送ってくる保護者がいました。みなさん、ダブルインカムの方たちです。朝早くから園を開けて、子どもの朝食も出しました。ただ、まわりの認可の園からは『あんたの園だけ朝食を出されたら、こっちが困るんだ』とクレームが入りましたが……。そして夜も遅くまで預かることにしました。

『慌てて迎えに来なくてていいです。うちは何時になっても子どもをちゃんと見ています』。私の母がやっていたように、お母さんが迎えに来ても、すぐに見送るのではなく、お茶かコーヒーを淹れて保育について話し合いました。そのうちに、保育以外の相談も受けるようになり、『うちの主人、帰りが遅い。浮気じゃないかしら』といった話もされるようになったんです」

何があっても負けない子を育てる

最初の園を立ち上げた時から小林は現在のコピーとほぼ同じ質の保育サービスを行っていた。食事にはプラスチックの食器ではなく、陶器とガラス器を使った。子どもは壊れないプラスチックの食器だとぞんざいに扱う。それではマナーは身につかない。陶器やガラスの食器は落とすと割れるものとわかれば子どもだってちゃんと扱うようになる。母親の典子が追求したことを小林もまた踏襲した。本物に触れさせることがコピーの保育だ。そして、小林は園長として登園、降園時にはスーツと革靴で子どもを迎え、見送った。

「保育士は子どもの憧れでなければならない」という教えもまた、典子が決めたものだ。小林はそれに則りスーツを着てお迎えと見送りを行い、エプロンをつけて食事をつくったり、園庭の掃除をする時はユニフォームに着替えた。そして、ユニフォームはジャージではない。今でもそうだが、コピーの保育士は市販のジャージは着ない。だらしない恰好で園児の前に出ることはない。園児も保護者もお客さまだ。

そして、行事を大切にした。チャンバラごっこ、七夕、運動会、発表会、遠足といった行事を毎月のように行った。アメリカへの体験旅行の際も、小林は自分の園から希望者を同行させた。海外旅行だから、むろん費用はかかる。それでもアメリカへ旅させると決めたのがダブルインカムの夫婦だった。

小林は園児の食事も自ら調理した。高校時代、自宅近くのサービスエリアにあるレストランでアルバイトをした経験があったからだ。朝、子どもを迎えた後は車に乗ってスーパー、産直市場を回り、食材を仕入れた。そして、園に戻ると0歳児向けの離乳食から5歳児が食べるカレー、ハンバーグ、舌平目のムニエルまでをキッチンでこしらえた。昼になると園児と一緒に食事をした。午後になると園長としての仕事だ。銀行へ出かけたり、市役所へ行ったりして打ち合わせをし、帰りには子どもたちのおやつや果物を仕入れた。スーツ、ユニフォーム、エプロンと1日のうちに何度も着替え、夜は家族みんなで牛丼を食べる毎日だった。余裕がなかったから、家族で温泉旅行へ行くこともできなかったが、本人は充実していた。朝起きると、自分自身に気合を入れてから登園していたのである。

園を始めてから数か月もすると「転園したい」と言って、訪ねてくる保護者が現れた。小林が保護者に「うちの評判をどこで聞いたのですか?」と尋ねると、誰もが「美容院で横に座った方からうかがいました」と答えたのである。

彼は思い出す。

「転園を希望された方に話を聞くと、口コミでした。お母さんの口コミ。それも、ほとんどの方が『美容院で聞いた』と。保育の内容、質については誰もが子どもを預けている親の口コミを信じるのです。

こんなことがありました。教育に熱心なご家庭の女の子をうちでお預かりしていたのですが、その家のお父さんが、『うちの子は幼稚園に入れたい。コビーはいい保育園だけれど、やっぱり幼稚園で勉強させたい』と。それで幼稚園へ転園することになりました。その時、主任保育士だった妻（わか子）が菓子折りを持って、先方の幼稚園まで挨拶に行ったんです。

『うちで預かっていた大切なお子さまがお宅さまの幼稚園に行くので、どうぞ、よろしくお願いします。この子はほんとにいい子なんです』

転園する子の引き継ぎをそこまでやった保育園はないんです。噂が流れてから、問い合わせが増え、3年目からは定員が埋まりました。それで増設を考えるようになったのです。私が想定したように、ダブルインカムのご夫婦が子どもを積極的に保育園に預けるようになったのです」

コビープリスクールのだは2006年には認可園になり、園舎を改築した。その年のうちに4園体制になり、2010年には10園。2012年には17園になった。M&Aではなく、これほどのスピードで園を増やした組織は業界では先例のないことだった。

なお、認可園になったのも、小林が積極的に運動したわけではない。千葉県の担当者から「認可園になるための申請用紙を書いてほしい」と連絡が来たのである。認可園になると朝食を出したり、子どもたちを海外研修に連れて行ったりすることはできなくなる。そこで、小林は無認可のままで運営していこうと思っていたのだが、コビーに子どもを預けていた保護者が自主的に千葉県庁へ手紙を送るなどして、認可園にしてもらうための運動をしていたのだった。

ある保護者が小林に言った。

「実は、僕が県知事に直接、伝えたんです。こんなにいい保育園があるのに、どうして千葉県は認可しないのですかって」

認可園になれば保護者が払う金額は安くなる。無認可の園はたとえば24時間保育や、早朝、深夜の保育をしてもかまわない。そのため利用料が高くなる傾向にある。保護者としては上質なサービスを保ったままコビーが認可園になることを望んだのだろう。

さて、そんなコビーの草創期から現在までを見てきたベテラン園長がいる。小島由香里（故人）。2003年に入職し、保育士を経て、園長になった。2022年まで千葉県にある「コピープリスクールあたご」の園長をやっていた。定年となった後は同園のアドバイザリーをやっていた。

長年、小林のもとで働いた小島はコピーの保育の特徴をよく知っている。それは「子どもを抱きしめること」だ。

小島はこう言った。

「私、初めて小林代表を見た時、びっくりしました。コピープリスクールの入職面接に行った時のことでした。園庭で体格のいい大きな男の人がひとりの子どもを抱っこして、もうひとりを背中に乗せて遊ばせていたんです。まだ男の保育士が珍しい存在だった頃でしたから、それは驚きました。しかも、代表だったのですから。保育園の代表といえば代表室にでーんと座っているというイメージだったのに、子どもと一緒に楽しそうに遊んでいる姿を見て、ああ、コピーはいい保育園だなって思いました。ここで働きたいなって。

あの時、小林代表に『保育なさるのですか』って聞いたのをすごく覚えています。

代表は『ええ、子どもとも遊びますよ』って、さらっと返事が返ってきました。それからずっと働いています。こんなにいいところはないと思って働いています。

私は数多くの子どもたちを送り出してきました。卒園の時、子どもは親にメッセージを贈ります。

『ママ、お化粧してくれてありがとう』とか『ママ、あったかい笑顔をありがとう』とか。

私はそれを読むと毎年、泣いてしまいます。子どもの一言一言にはすごく重みがあるんです。思うのですけれど、保育園では子どもだけが成長するのではないんです。お母さん、お父さんも成長します。あるお母さんは、赤ちゃんを預ける時、不安で震えていました。卒園式でそのお母さんに『ママ、入園した頃、不安だったよね、覚えてますよ』って声をかけたら、『ええ、そうでした』と。そこで私は『お子さん、こんなに立派になったよ。こんな姿を想像できた？』って言ってあげたら、『あの頃は想像できなかったです』って、ぼろぼろ泣いていました。でも、そのお母さん、ものすごく立派になっていたんですよ。堂々としていて頼もしかった。お母さんたちは変わります。お父さんも変わります。お父さんは黙って見守っているだけです。でも、子どもが成長すると、お父さんの表情はすごく柔らかくなります。

私はコピーでやっている保育は黙って見守ることだと思うんです。お友だちと揉めた時、ダンスを踊っていてもみんなと揃わない時、じゃあどうしたらいいのか。保育士が『こうしなさい』と言うのは簡単なんです。でも、そうではなくて私たちは見守ります。子どもたちが話し合いをするのをずっと見守る。それは子どもが自分の意見を言えるってことはすごく大切だから。イヤなものはイヤって言えなければ、何でも従う子どもになってしまいます。なかなか言えない子も多いので、私たちは自分の意思を人に伝える環境をつくってあげます。過保護にすると、負けてしまう子どもになってしまいます。私は何があっても負けない子どもに育ってほしい。だから、見守る」

小島は話をしながら目に涙をあふれさせた。普通の日の昼下がり、給食を食べている子どもを見るだけで涙が出てくるという。そして、泣きながら、幸せな気持ちになるという。

彼女はいつも子どもたちに健康でいてほしいと願っている。それは彼女が健康にすぐれないせいもある。

「私は2014年に卵巣がんになりました。自覚症状もなく、気づいた時には進行していました。あの頃、必死で保育をしていました。保育は子どもを抱っこします。大勢を抱っこするから、それで背中が痛いのかと思っていたら、がんだったのです。手術をしまして、でも、2年後にはまた再発いたしました。今でも抗がん剤を飲んでいる時はつらくて、髪の毛はまったくなくなって、かつらをかぶって保育しております。こんなに長く生きられるとは思わなかったのですが、代表が『あなたの居場所は確保しておく』とおっしゃるんです。私はごはんも普通に食べられますし、お酒も飲めます。昔に比べれば元気はなくなりましたけれども、でも普通に生活はできています。

私は思うのですけれど、私が頑張ろう、がんに負けないぞと生きてきたのは毎日、子どもたちに会えるからなんです。そして、子どもたちをギュッと抱きしめてあげることができるから。

私はコピーの保育は子どもたちをギュッと抱きしめて、何があっても負けない子どもにすることだと思っています。コビーの保育はその時だけではなくて、未来を見ているのです。保育って、どうしても子どもたちの『今』に目が向きがちなんですね。子どもの今が元気であればいい、今が楽しければいい、と。でも、代表の考えは未来なんです。子どもたちが大きくなっていくにつれて、つらいことは起こります。災害もあります。でも、この子たちが大人になった時にどんな社会でも力を出していける、自分の力を出していける、何があっても負けない、そんな人になってほしいと思って育てています。ええ、大切なのはギュッとしてあげる、子どもを受け止めること。もうギュッがいちばんです」

第4章

転機となった2003年

2つの市立保育園の運営を受託

プリスクールのだが定員を満たし、認可保育園になるための申請を野田市に出したのが2002年のことだった。すでにプリスクールのだは無認可にもかかわらず、競争倍率が高くなり、なかなか入ることができない保育園になっていた。無認可の園では稀なことだ。通常、認可の保育園であれば月額の保育料は保護者の収入をもとに決まる。全国どこでも無料からせいぜい4万~5万円といったところだ。ところが無認可だと公的な補助が少ないので、保護者の負担は8万円前後になってしまう。もし、2人の子どもを通わせようとしたら十数万円だ。そのため、保護者は認可園を選ばざるを得ない。無認可に子どもを入れてもつねに転園を考えるのが保護者だ。

しかし、プリスクールのだは人気だった。認可園よりも高い金額を払っても、それでも預けたい親が何人もいたのである。それは、保育に対する哲学があること、夜遅くまで預かってくれること、保育行事が充実していることなどの優位点があったからだ。野田市に暮らすダブルインカムの高収入世帯にとっては理想に近い保育園だった。

そして、小林が調査、研究したように、都市部ではそういった保護者が増えていた。コビープリスクールのだは保護者から千葉県、野田市への働きかけもさることながら、時代の趨勢《すうせい》もあって認可園になったのである。

同時に、もうひとつの大きな動きが進んでいた。野田市では公立保育園を民営化することが決まり、受け皿の民間保育園を公募していたのである。野田市に限らず地方自治体は財源が不足しつつあった。何でも公営にしていたのでは財政が持たない。そこでまずは保育園を民営化することを決めた。野田市は一挙に2園の運営者を公募することにした。

応募を考えた小林は要項を取り寄せた。2つの園、両方に応募することができるのか、念のため、市の担当者に確認したら、アドバイスを受けた。

「小林さん、公募に通るか通らないかわからないのだから、2つ応募したらいいじゃないですか」

言われてみればその通りだ。発足して間もなかったコビーが2つの園を引き継ぐ候補に選ばれる可能性は低い。小林は両方の園、「野田市立あたご保育所」、同じく「市立南部保育所」の運営受託に応募した。それが2002年の11月のことだった。

12月の初めに電話がかかってきた。

「コピープリスクールの小林さん？　市役所の担当理事です。すぐにお越しいただけますか？　ただ、玄関からではなく通用口から入って来てください。会議室の10号室に私がいますから」

公募の結果がわかったのだなと期待して出かけて行ったところ、理事が広い会議室にひとりで座っていた。

「小林さん、さっそくだけれど、お宅がどちらもナンバーワンだったので、来年の4月から運営をよろしくお願いします。ついてはこの書類に判を押して持って来てください。明日から、現場にいる市役所の人間と打ち合わせすること。運営は4月1日からですよ」

小林は「やばい」と思った。

「裏口から来い」と言われたのは、運営はひとつだけにして、もうひとつは辞退しろと示唆されるものと勘違いしていたのである。

ところが、2つも運営しなくてはならなくなった。担当理事は「当たり前のことだ」といった顔をしている。

小林は顔を上げることができなかった。コピーはアルバイトも入れて職員は30人もいなかった。だが、2園の定員は合わせて300名である。どちらも運営するとなると、保育士だけで50名は採用しなくてはならない。他に栄養士、看護師、事務の人間がいる。何より小林は32歳だった。それが一気に3つの園を持つ組織のトップにならなければいけない。市役所の理事も小林の若さが不安だったのだろう。「いいか、お前が2つともやるんだぞ」と覚悟させるために呼んだのであった。

小林は切羽詰まって言った。

「理事、来年はとりあえず、ひとつの園を運営します。もうひとつは再来年ということではいかがでしょうか」

理事は怒った。

「キミはいったい何を考えとるのか。両方とも応募したんだろう？　両方ともやる意思があるからこそ応募したんじゃないかね」

「はあ、でも、それはその……」

「それはもこれはもないんだよ。キミは市役所を舐めとるのかね。いいか、保護者も参加した選考会で、キミのところが選ばれたんだ。これがね、もし、片方はできませんと辞退したとしよう。もう片方の園は2番目の民間保育園がやることになる。そうしたら、そちらに子どもを預けている保護者が黙ってないぞ。小林くん、覚悟を決めて両方ともやりなさい。私たちだって鬼じゃない。サポートできるところはする。さあ、早く帰って引き継ぎの準備をしろ。時間はないぞ」

帰り道、小林は妻のわか子にどう説明しようかと悩んだ。

「2つ運営するのは無理だから、どちらかひとつを断ってきてね」

妻からは何度もそう頼まれたのである。しかし、理事との話ではとても辞退できるとは思えなかった。

うちに帰って、小林は「申し訳ない」と頭を下げた。すると、わか子はきっぱり言った。

「代表、やるしかありません。逆に、チャンスと考えましょうよ」

小林はもう一度、頭を下げた。下げながら妻には聞こえないように、つぶやいた。

「オレよりもずっと度胸がある」

苦闘の日々が始まった

小林は書類に判を押し、市役所に戻った。窓口で問い合わせたことは、2つの園の保育士、職員が何人、残留してくれるかだった。少しでも多く残留してくれれば保育士の採用を少なくすることができる。

だが、答えはあっさりしたものだった。

「少数です」

窓口の女性は事務的に言った。

「市立保育園に勤務している人間は全員、公務員です。公務員が民間施設で働くわけにはいきませんから、残留を希望した少数の職員以外は御社で新しく募集してください」

筋の通った論理である。

そうなると、ぐずぐずしてはいられない。すぐに動くしかなかった。

小林は母、典子（2000年没）がやっていた、ひかり隣保館保育園から新園の中核になる保育士を招請することにした。加えて、保育士を募集。運営開始は4月1日だから、半数ほどは大学もしくは短大卒業者を新規採用すればいい。中途で募集した保育士にはなるべく早く勤務してもらい、コビーの保育スタイル、哲学を叩きこむことにした。同時にまた、2つの園にいたアルバイトの保育士、職員に対する教育も始めた。

小林には眠る時間もなかった。市役所との交渉、新規職員の採用と教育、残留した職員への再教育などをやりながら、コビープリスクールのだの仕事もしなくてはならない。

小林は語る。

「怒涛の日々でした。幸い、職員はなんとか見つかりました。保育士の資格を持っていて、家庭に入っていた人が復帰してくれたこともあります。年末までに50人の保育士を採用することができたのです。ただ、問題はありました。保護者が民間保育園に反対していたのです。あの頃、保護者の方々は公立保育園の方が民間よりも質が高いと思い込んでいました。それに、私が若かったこともあって、『こんな若造を信頼していいのか』とも思ったのです。加えて、残留した職員は不安もあったのでしょう。いろいろ反対されました。私は保護者や残った職員たちに会っては説得を繰り返し、後は実際の保育を見てもらうしかないと心に決めたんです」

新園の説明会を開いた時、子どもを通わせていた保護者から「あんたはプロなのか？」と怒鳴られたこともある。それでも小林はにこやかな表情をつくって、「お父さん、うちは母親の時代から保育のプロです。私たちに任せてください」と冷静に答えた。

小林は撤退するつもりはなかった。保育は命がけの仕事だ。がんになった体でも子どものことを考えた母親の覚悟を思えば、怖いものはなかった。小林は傷ついたし、つらかったし、怒りに震えた。しかし、怒りをマネジメントして、言葉にも行動にも出さなかったのである。

開園してから5年経ち、コビープリスクールのだは30人ほどの卒園生を出していた。ある中学生は園を訪ねてきて、こう言った。

「園長先生、私は保育士になりたい。いつか私を雇ってください」

また、小学校高学年になっていた卒園生の何人かは保育園の運動会、発表会にやってきて進行を手伝ってくれた。通常、保育園を卒園して小学生、中学生になった子どもが園を訪ねてくることなどまずない。だが、コビーではそういったことがあったし、今もある。後の話になるが、実際にコビーの園を巣立った子どもたちの何人かが成人して保育士になって戻ってきた。

ただ、開園までの間、小林は憔悴した。

友人に「あの1年間で髪の毛がなくなり、白髪が増えた」とこぼしたこともあった。事実、現在の彼の頭髪は決して豊かとはいえない。

「本物」へのこだわり

コビープリスクールはこざきの園長をしている水城智恵はその時期に、ひかり隣保館保育園からコビーに移ってきた。水城は小林の母、典子が教えた保育士だ。その頃、30歳だった水城は運営受託した園の保育主任になった。主任になったのは典子が始めたマトリクス保育など、コビーの保育スタイルを指導する役目を負っていたからだ。

彼女は言う。

「直前まで、柏のひかり隣保館保育園で働いていました。小林代表から『新しい園に来てくれないか』と声がかかったのです。私としてはありがたいと思いました。新しいことに挑戦したいなと思っていた時期でしたから。

もうひとつ、理由があります。それは子どものことでした。当時、私は結婚していました。子どもは1歳の女の子です。ひかり隣保館保育園に連れてきて、保育してもらいながら、自分は他のクラスで担任をしていました。朝、出かける時、1歳の娘に『いい、園に行ったら先生と呼ぶんだよ』と言わなきゃいけなかった。娘はうちでは私のことを『かあたん』と呼んでいました。でも、園では先生と呼ばなければいけない。1歳の娘にそんなことを言うのはあまりにかわいそうで……。

そんな状況に耐えられなかったので、コビーが複数の園を持つのであれば、ひとつの園に預けて、私自身は他の園で働くことができます。それで、移ることにしたんです」

水城が話したことは子どもを持つ保育士であれば誰もが経験することだ。自宅近所の園に勤務できた場合、自分の子どもを同じ園に入れることがある。ただ、自分で保育することはない。子どもが4歳、5歳であれば状況を理解するだろう。しかし、1歳児、2歳児に「お母さんと呼ぶな」は酷だ。水城が小林の新しい園に飛びつくように転職したのもうなずける。

だが、水城は転職して驚いた。当時の野田市ではコビーほどの丁寧な保育は行われていなかったのである。

「私はあたご保育所に勤務させていただきました。当初はコビーらしさを取り入れることができず、園長先生（小林わか子）と相談しながら、少しずつ新しい保育、コビーらしさを取り入れていく感じでした。びっくりしたのは折り紙を折って飾りをつくる『お製作』をやっていなかったこと。公立の保育園では、子どもを預かったら、面倒を見ることだけが保育でした。それが長年続いていたのです。私たちが『お製作』や七夕のための竹取りなどを始めたら、保護者からクレームが入るんです。

『余計なことをするな。あんたたちはただ、子どもの面倒を見ていればいいんだ』と。

特に私が嫌だなと思ったのは行事を行うことに反対されたこと。子どもと同じ食事が摂れないことでした。コビーは行事を重んじています。さまざまな行事を通して子どもたちを成長させ、保育士もまた体験を経て成長しています。ですが、行事について、否定的な見方をする人もいました。子どもの面倒を見ていればいい、外に連れ出すのは危険だ、と。また、公立保育園では子どもと同じ給食を保育士が食べてはいけないといった決まりがあったようなのです。

聞いた話ですが、子どもは給食を食べているのに、保育士は出前のラーメンを取ったりしていると。給料日にはお寿司屋さんから出前が届くといったこともあったとか……。子どもたちは出前の人が来るのを見ているわけです。子どもだってお寿司を食べたくなりますよね。

私はこれは違うと思いました。それで提案したんです。保育士も子どもも同じものを食べることが大事です、と。

コビーでは大人でもおいしく食べられるようなレベルの給食を出しています。そして、毎日、子どもと一緒に同じものを食べることを通してお互いの距離が縮まっていきます。私たちが携わってから保育園を変えることにしました。まずプラスチックの器を全部やめて、陶器、ガラスに変えました。これもまた、前から勤務している保育士、保護者から『落として割ったりしたらどうするんだ。責任は取るのか』と怒られました。でも、少しずつ、少しずつ、コビーらしさを取り入れていったのです」

さて、水城が言ったような、「保育におけるコビーらしさ」とは何だろうか。

第一は、子どもたちに本物を見せること、本物に触れさせることだ。人は本物に触れると感動する。モノでもサービスでも、本物だけが人の心を動かし、波立たせる。子どもだってそれは同じだ。小さなうちから子どもに本物を見せるのが小林典子が始めた保育であり、小林照男が引き継いだことだ。

体験も本物のそれでなくてはならない。だから、行事でも本物をやる。やる以上は子どもたちを感動させる行事をやる。

コビーの保育士はシャツにチノパンというユニフォームを着て働く。女性保育士は自分の好きな色のスカーフを首に巻く。エプロンやジャージも持ってはいるけれど、ずっと着ていることは許されていない。各園の園長は男性も女性もスーツやジャケットを着用して子どもたちを迎えて、また送り出す。保護者ともスーツを着て話し合う。子どもたちにかっこいい大人と認識させるためだ。保育士は子どもたちの憧れでなくてはならない。

給食についても大人が喜んで食べたくなるようなメニューが出てくる。日本料理、中華、洋食、エスニック……。コビーの園にある調理室はガラス張りで「キッチンスタジオ」と呼ばれるものだ。子どもたちはガラスに鼻を押し当てて、職員が給食をつくる過程を見る。

園舎のなかにある、お昼寝スペースには蚊帳を吊って、子どもが安眠できる環境を整えている。各室の照明にも配慮している。環境や時の移ろいを考えた環境照明だ。朝の明か

ランチではプラスチック製の器ではなく陶器やガラスの食器を使う

り、お昼寝の明かり、夕方の明かりと、時間ごとに変えることができる。朝の明かりは外光が十分にあるので、最低限の明るさになっている。昼寝の明かりは、お母さんの子宮の中のようなイメージで薄暗く調整している。夕方は、外が暗くなり寂しさが出てくるので、明るめにして、園に残る子どもが寂しさを感じないようにする。

食事、園舎設計、行事などについては後述するけれど、２００３年の公立保育園の運営を受託した時、小林は苦闘した。残留した職員や保護者からの反対を受け、「なにくそ」と歯を食いしばって頑張った。何度も何度も同じ説明を繰り返し、「子どもたちのためです」と園を変えていった。コビーの保育哲学、保育スタイルが確立していったのは反対者に対する説得と行動の結果だった。思えば、小林を成長させたのはコビーの保育に反対した人たちだったのである。

第5章

園の増設と保育スタイルの確立

高まる保育園需要

コピーが2つの公立保育園の運営を受託し、悪戦苦闘していた頃、保育行政に大きな変化があった。それは「幼保一元化」と呼ばれる動きだ。2006年、小泉純一郎総理が進めた「規制をぶっ壊す」改革のひとつとして認定こども園制度が創設された。それは幼稚園と保育園を一体として運営する制度のことだ。前述したが、幼稚園は3歳から5歳児が1日4時間程度の教育を受ける教育施設で、管轄は文科省である。

一方、保育園は「保育に欠ける」0歳児から5歳児が利用する福祉施設という位置づけだった。保育に欠けるとは両親が働いている、もしくはひとりの保護者が子どもの面倒を見ているといった状況を指す。そして、管轄は厚生労働省からこども家庭庁になった。

しかし、共働き家庭が増えていくにつれ、幼稚園にも子育ての支援、長時間保育が求められるようになった。

そこで、幼稚園と保育園の機能を併せ持つこども園が創設されたのだが、普及には時間がかかった。現在でも、その数は劇的に増加したとは言えない。ただし、全体の状況を見ると、幼稚園が徐々に保育園寄りになってきて、長時間保育を行う幼稚園が増えてきたと言える。

こども園が広がらなかった大きな理由は保護者が払う利用料だった。幼稚園は保護者との直接契約で利用料は施設が決める。金額は一律だ。概して保育園への支払いよりも高額だ。一方、保育園は認可園の場合、保護者が市区町村に申し込む。保育料は保護者の収入に応じて負担が決まり、市町村に払う。

この仕組みが残っている限り、2つの施設の融合は難しかったのである。ただ、2010年代から少しずつ一体化は進んだ。幼稚園教諭と保育士という2つの資格は統合され、幼稚園教育要領と保育所保育指針の統一が検討された。2014年には幼保連携型認定こども園教育・保育要領が策定されている。

なお、現在の幼稚園、保育園、こども園の施設数と人数はそれぞれ次の通りだ。

幼稚園は8837施設、84万2000人の児童がいる。前年度より通園する人数は8万

1000人減少している。

幼保連携型認定こども園は6982施設。通っている人数は84万3000人。前年度より2万2000人増加していて、過去最多だ。両者の数字は「学校基本調査（文部科学省）令和5（2023）年」による。

一方、保育園（保育所等）は全国に3万358施設ある。前年に比べ363施設増えている。人数は259万9190人。こちらは令和4（2022）年の数字で、厚生労働省の「社会福祉施設等調査」による。

数字と推移を見ると、幼保一元化が叫ばれた頃から保育園の数が増え、保育園に通う子どもの方が圧倒的に多くなったことがわかる。それくらい働く保護者が増えている。共働きの夫婦だけでなく、ひとり親のケースも少なくない。そして、ひとり親も離婚、死別のシングルマザー、シングルファーザーだけではない。籍を入れたまま別居しているひとり親もいる。日本の家族は多様化が進んでいるのである。

保育行政が変化した2000年代中頃から2010年代にかけて、小林照男は奮戦した。母の典子が始めた保育スタイルをコピー流に拡大深化させながら、公立保育園の運営受託、そして、園の新設を進めていったのである。

コピーは2006年から2010年の間に7園、2011年から2024年までに32園を増設している。

小林は園を増やしながら、職員を採用し、教育し、現場における保育サービスの質の向上に取り組んだ。もっとも、園の数が増えたのはコビーだけではない。2000年以降、保育園の需要は高まるばかりで、コビー以外の園もまた増えている。

働きづめの毎日

2011年、コビーは東京都の亀戸、埼玉県の三郷と山形県の東根に3園同時に開園した。いずれも認可園である。公立に等しい施設だから、銀行は融資を渋ることはなかった。少子化時代ではあったが、2000年代、2010年代の保育園は成長産業だったのである。

小林は言う。

「当たり前のことですが、園が増えていくと、出ていくお金が増え、借金が積み重なる。かといって保育園はつぶれてはいけないから放漫経営にはできない。私自身は園が増えるにつれ、貧乏になっていったと感じていました。

待機児童の問題が出始めていましたから、銀行も融資するわけです。保育園をつくることが社会の要請でした。ただ、私たちはブレーキをかけていた方です。年に5つ、6つの園を開園する保育園もありましたから。

2003年に運営受託してから2010年の中頃までは労働過多でした。私は当たり前のように朝の3時まで仕事をしていました。私だけでなく、幹部もそうなっていました。朝の3時に仕事を終えて、自宅に帰っても頭が冴えて眠れないんです。冷えた缶ビールを飲んで、眠る。朝の7時過ぎには起きて8時から仕事をする。カウンターパートとして仕事をしていた役所の人たちも真剣でした。夜中の2時に残業していた役所の担当から事務所に電話がかかってくるんです。電話を取ったら、『小林さん、やっぱりいると思いました』って、そこから打ち合わせです。『ここどうなってます?』とか。今はもうできないけれど、土日も普通に市役所で会議したり、打ち合わせをしたり……。

あの頃から自分で運転するのはやめました。睡眠時間が少ないから危ないとまわりから止められて、電車に乗るかタクシーにしました。

役所の人たちも私たちも園舎の設計士もみんなが寝ないで仕事をしていたのはプレッシャーでした。新しい保育園を開けるとしたら、なんとしてでも4月1日に開けなくてはならない。大工さんが足りないとか内装がどうしたとか言っていられない。設計も施工も遅れるわけにはいかない。お母さんは4月1日には子どもを預けて仕事をしなきゃならないのだから。『1週間、延びました』なんて言っていられないんです。お母さんも子どもたちも文句なんか言わないんですよ。じっと耐える。だから我々は余計に働いた。文句を言ってくるような人たちじゃないんです」

小林は2000年の中頃から2010年の中頃までプライベートの時間はほぼなかった。家族でどこかへ旅行したこともなければ海外へ視察に行ったこともない。保育、保育、保育で精いっぱいだったのである。

「保育所保育指針」

コピーの保育スタイルは複数の園になった2003年以降、確固たるものになっていった。もともと、母親の典子が始めていた「本物に触れさせ、感性を育む保育」があった。小林はそれを新人保育士、中途採用した保育士たちに広めていった。

さて、全国にある認可保育園は厚生労働省が告示した「保育所保育指針」に則って子どもたちの保育を進めていかなければならない。指針には4つの柱が記述してある。

1 保育の内容、2 健康及び安全、3 子育て支援、4 職員の資質向上。この4つは基準を満たした保育園は必ず守らなければならない。そして、これは最低限、必要とされていることだ。

では、4つについて、簡単に説明していく。

1 保育の内容

保育の内容とは保育園で子どもたちには何をさせるかというもの。そして、指針のなかでは保育内容についての記述が最も多い。それは0歳児と5歳児では当然、内容が変わってくるためだろう。言葉を覚え、立ち上がり、オムツを外すことから小学生になるための学習の基礎までを指導するのが保育士なのである。そして、4歳児、5歳児ともなれば教育の比重が増える。

「知識及び技能の基礎」、「思考力、判断力、表現力等の基礎」、「学びに向かう力、人間性等」を理解し、さらに「数量や図形、標識や文字などへの関心・感覚」、「言葉による伝え合い」、「豊かな感性と表現」を育まなければならない。

保育とは0歳児、1歳児を愛する、育てることから始まる。そして、4歳児、5歳児を教えることまでが範囲だ。

保育士は保護者であり、教師であり、そして、友だちであり、リーダーでなくてはならない。スーパーマンみたいな仕事だ。

加えて、4歳児、5歳児の保育指針には感性の教育も大切だと書いてある。

「集団の生活を通して、子どもが人との関わりを深め、規範意識の芽生えが培われることを考慮し、子どもが保育士等との信頼関係に支えられて自己を発揮する中で、互いに思いを主張し、折り合いを付ける体験をし、きまりの必要性などに気付き、自分の気持ちを調整する力が育つようにすること」

2

健康及び安全

2番目が健康と安全だ。子どもは風邪、インフルエンザ、ウイルス性の病気にかかりやすい。外を走り回るから怪我もする。保育士は子どもに病気をさせず、怪我もさせないことを要求される。しかし、それは現実にはありえない。風邪をひき、怪我をしながら育っていくのが0歳児から5歳児の標準的な人生だ。

そんな「健康及び安全」と密接に結びついているのが保育園における給食の役割だろう。

指針にはこうある。

「保育所における食育は、健康な生活の基本としての『食を営む力』の育成に向け、その基礎を培うことを目標とすること」

「子どもが自らの感覚や体験を通して、自然の恵みとしての食材や食の循環・環境への意識、調理する人への感謝の気持ちが育つように、子どもと調理員等との関わりや、調理室など食に関わる保育環境に配慮すること」

保育士は大変な仕事だ。子どもを愛して、育てて、教えて、しかも、食事を食べさせて、マナーも指導しないといけない。そして、個々の保育園の特徴が最も表れているのが給食だ。給食業者から弁当を取り寄せて食べさせる保育園もある。一方で、保育士が出前を取って、子どもは弁当を食べる保育園もある。一方で、コピーのように栄養士が日々の食事を手づくりする保育園もある。そして、保護者が保育園を選ぶ時、最も関心を持つのが食事の内容だ。

3・4　子育て支援と職員の資質向上

3番目は子育て支援。保護者がいちばん支援してほしいのは保育時間だ。具体的に言えば朝早くから預かってもらうこと、そして、夜遅くまで園で面倒を見てもらうこと。しかし、公立保育園の場合、園長、事務職、保育士は公務員だから、早朝保育、延長保育は簡単には実施できない。それでも保育指針にはこう書いてある。

「保護者に対する子育て支援を行う際には、各地域や家庭の実態等を踏まえるとともに、保護者の気持ちを受け止め、相互の信頼関係を基本に、保護者の自己決定を尊重すること」

4番目は職員の資質向上について。これについては、力を入れている園とそれほどではない園に分かれる。

保育士は忙しい。保育士を丸一日休ませて、研修をさせることは小さな園ではほぼ不可能だ。だが、研修はやった方がいい。理由は3つある。保育園の保育サービスの質が向上する。保育士のキャリアにとってプラスになる。研修を経た保育士が子どもの面倒を見てくれれば保護者は喜ぶ。最高の教師とは教えることが上手なのではなく、学ぶことを続ける人だ。職員の研修に熱心であるかないかは保育園の性質を決定する要素なのである。

保育指針にはこうある。

「各職員は、自己評価に基づく課題等を踏まえ、保育所内外の研修等を通じて、保育士・看護師・調理員・栄養士等、それぞれの職務内容に応じた専門性を高めるため、必要な知識及び技術の修得、維持及び向上に努めなければならない」

「職員が日々の保育実践を通じて、必要な知識及び技術の修得、維持及び向上を図るとともに、保育の課題等への共通理解や協働性を高め、保育所全体としての保育の質の向上を図っていくためには、日常的に職員同士が主体的に学び合う姿勢と環境が重要であり、職場内での研修の充実が図られなければならない」

第6章

コピーの保育の特徴

感動と体験を重視

保育園は保育指針にある4つの項目さえ守っていれば経営を続けていくことができる。認可保育園が受け取る収入は全国一律の決まった額だから、指針以上のことに手を出さない方が経営的には楽なのである。

だが、小林照男は園がひとつの頃から指針に書いてある以上のことを実行してきた。それは「少子化が止まることはない。いずれはどの保育園でも生き残りをかけて、保育サービスを向上させていくようになる」と推論していたからだ。

そこで最初から、保育の内容、健康及び安全、子育て支援、職員の資質向上のいずれの項目でも、業界標準を上回る質の高い保育を実施することにした。

保育の内容については、母親、小林典子が始めた「感動と体験」の保育を重視した。ビジネスとして生き残りたいから、優位に立ちたいからという動機からだけではない。彼は保育の仕事が好きだ。好きだから、さまざまなことを考えてしまうのである。オフィスには代表の専用個室はない。会議室兼応接室の一角にデスクを置いている。しかし、彼はそこにはいない。各保育園の現場にいることの方がはるかに多い。保育の現場にいれば子どもたちからパワーをもらうことができるし、保育のアイデアを得ることもできる。

小林はこう言っている。

「私の方が子どもたちに育てられているんだ」

そして、がんと闘病しながら保育現場にいた小島由香里は小林の言葉に深くうなずく。

「はい、代表が言うように、保育士は子どもたちに育ててもらっているんです。保育の現場から離れられないのは子どもといると楽しいからです。私はもう子どもを見ているだけで元気になります。あの小さい子たちは何があっても負けないんです。失敗してもすぐ立ち直って次に目が向く。私はがんになった時、落ち込みました。助けてくれたのは子どもたちでした。大人はなかなか立ち直ることができないのですけれど、子どもはほんとにもうどんどん切り開いていきますからね。それが全部、あの子たちの経験になっていく。もうほんとにパワーがすごい。

私はいつも感動して泣いてしまいます。感動して泣いてしまう仕事ってなかなかないんです。私は何回も泣きます。保育士も泣くし、子どもも泣くし、保護者も泣くし、みんなで泣きます。感動の涙だけではなく悔し涙を流す時もあります。サッカー大会、運動会でチームが負けた時はみんなで悔し涙を流すんです。涙を流すことで成長するのが子どもで、それを見ていられるから、一緒に泣くことができるから、保育士をやっているんです」

本物に触れさせる

では、コピーの保育内容について、指針の順番に説明していく。

保育内容の筆頭は「涙が出そうになるくらいの感動を体験させる」こと。

小林は強調する。

「おいしいね、きれいだね、かっこいいねといった感情、感性は生まれながらにして持っているわけではありません。何がおいしいのか、何が美しいのかを子どもたちは体験しながら覚えていくんです。0歳から5歳ってそういう時期なんです。ですから、なるべく多くの感動を体験してもらう」

くり返しになるが、コピーではどの園でも食器は陶器、磁器、ガラス製品を使っているが、本物を使って、正しい持ち方で箸を使うから食事がおいしくなると伝える。これは子どもたちだけではない。事務所で出すお茶、コーヒーでも陶器の茶わん、カップを使用する。設立当初、同社のオフィスではプラスチック製のカップホルダーでコーヒーを出していたことがあった。だが、典子がそれを見つけて、息子の小林を叱った。

「本当にお客さまをもてなそうと思ったら陶器のカップを使うはず。ちゃんとしたものにしなさい」

コピーでは本物を使うだけでなく、本物に触れさせる。子どもたちがいる部屋に飾ってある絵は日本芸術院会員、日本画家の千住博のリトグラフだ。1点あたり数十万円はする。子どもたちはじーっと眺めている。ポスター、絵画のコピーではなく、本物を見せる。本物には存在感がある。いたずらしたり、破いたりしようとは思わなくなる。

「子どもだから、この程度でいい」とはしないところがコピーの保育だ。

根底には典子の哲学がある。

前述のコピープリスクールはこざきの園長、水城智恵は「お製作でもダンスでも本気で」と教わったと言う。

「色の付いた紙を切ったりして窓に飾ったり、折り紙を折ったり、コピーではお製作を行います。その時でも、時間はかかってもいいから、ハサミを使って正確な丸の形に切らせます。遊びだから適当でいいということはないんです。それは典子先生が始めたことです。ダンスでもかけっこでも典子先生は参加しました。参加したら、子どもが相手でも真剣に踊って、全速力で走りました。それは走り方を教えたいのではなく、真剣に取り組む姿を伝えたかったからです」

本物に触れさせて、本気を見せる。そして、子どもには嘘は教えない。

子どもは何でも聞いてくる。聞いて答えを知って成長する。それに対して、保育士は本気で答える。たとえば「春分の日って何のこと？」と聞かれたとする。大人でもなかなか答えられない。まして、4歳児にはどういった答え方をすればいいのか。

保育士は地球儀を持ってきて、「地球は丸い、地球は少し傾いている、地球は太陽のまわりを回っている」と教えて、最後に「1日のうちに昼と夜の長さが同じくらいになる日のこと」と伝える。子どもが春分点を理解できるとは思えない。それでも、懸命に本質を伝えれば「昼と夜の長さが同じ日は春分の日と秋分の日だ」と伝えることはできる。正しいことを伝えておけば子どもは大きくなってから、「あの時、コビーの水城先生が言ったのはこのことだな」とわかる。子どもは先生の本気に出合いたいのだ。

コビーの保育とは手を抜かない、大人の本気を伝えることだ。

マトリクス保育

マトリクス保育は小林典子が考案し、現代表の小林が名付けたもの。異年齢児交流保育と年齢別保育を融合した保育だ。

異年齢児交流保育、つまり違う年齢の子どもたちをひとつのグループにした保育はリーダーシップ、思いやり、やさしさを育む。異年齢の子どもが昼ごはんを一緒に食べたり、行事に参加したりしているうちに自然と交流が生まれる。年長児はリーダーシップを発揮しながら年少児を思いやる。年少児は年長児に強い憧れを抱き、それが成長につながっていく。

一方、同じ年齢の子どもたちを集めた通常の年齢別保育ではしつけや基本的な生活習慣を学ぶ。同時に、創造性、芸術性、知的能力、運動能力なども育てていく。

両方を組み合わせたマトリクス保育は子どもが生まれながらにして持っている能力を最大限に引き出す。今ではコピーだけがやっているのではない。他の保育園でも行っている。ただし、マトリクス保育という名称ではないところが多い。

行事保育――非日常の体験

子どもの日、七夕、お月見といった伝統に基づく季節の行事と、運動会、発表会、サッカー大会などを合わせたものが行事保育だ。コビーではこの他に年長児を対象にした一泊二日のコビー・サマー・アドベンチャーという自然体験旅行がある。コビーでは行事をいくつも行い、行事を体験することで子どもと保育士を成長させている。

わたしが見学していてわかったことは行事保育では経営者、園長といった幹部もまた成長することだ。経営者、幹部は日ごろはオフィスで数字を見る。しかし、行事に参加したら、目の前の子どもたちが変わる姿を見る。保育士たちが立派になる過程も見る。幹部、園長にとっては自らの研修の場であり、人間の成長を感じる機会となる。

前コビープリスクールあたご園長の小島由香里は「行事は大切」と語る。

「ひとつひとつ行事を体験することで子どもは大きく成長します。行事には目的があります。七夕でしたら、由来、どうしてこの行事をやるのかを子どもたちに教えます。それから行事に参加させます。そうすれば達成感を得ることができます。運動会、発表会、コビー・サマー・アドベンチャーのような大きな行事の達成感は大きい。また、ひな祭りのような小さな行事でも、みんなでやれたねという達成感を得ることができます。小さな行事というとおかしいけれど、私は毎月行う小さな行事も大切にしています。七夕でも、小さな竹を飾るのではなく、保育士が数十人で、契約している竹林から大きな竹を切ってくるんです。簡単に済ませるのではなく、本気で行事をやる。本気で小さな行事を大掛かりにすることが子どもたちに行事の意味を伝えると思っています」

わたし自身、コビーの運動会、発表会、そして、一泊二日の体験旅行「コビー・サマー・アドベンチャー」を見学した。熱気と緊張感があふれるイベントで、子どもたちはもれなく泣いた。行事の最中は真剣に演技をし、すべてが終わると泣く。行事を経て子どもたちが体験するのは感動だ。知識が増えるのではなく、感情が豊かになる。だから泣く。

小林もまた行事に対しては自ら出ていく。彼は各園の運動会、発表会のゲネプロには必ず参加する。ゲネプロとはゲネラルプローベ。ドイツ語で最終試験、つまり、最終リハーサルだ。小林は保育士の立ち位置まですべてをチェックして、拡声器を持って、「全員、あと、45センチ後ろへ下がれ」と指示を出す。

「なぜ、45センチなんて細かい指示なんですか」

わたしが尋ねたら、ミュージカルの演出家志望だった小林は平然と言った。

「野地さん、舞台では三尺幅の平台を使って、それを単位に立ち位置を決めます。三尺とは約90センチ。私はみんなに90センチの半分くらい後ろに下がって整列してくれと指示しました。その方が観客に見栄えがするのです」

わたしが思ったのは「この人は保育園の経営をしているけれど、ミュージカルの演出家としても大成しただろうな」ということだ。おそらく他の保育園の経営者は運動会、発表会には出席しても、ゲネプロに立ち会って、指示を出したりはしないだろう。

小林は続けた。

「私はコビースポーツフェスティバル（運動会）の打ち合わせでは保育士に強く言います。『いいか、本気でやるんだぞ』と。

大人（保育士）は仕事として運動会に臨んで、その感覚で運動会を行いがち。仕事を優先させてしまい、『子どもと共感する』ことを忘れてしまう。行事は子どもと共感するのが目的なんです」

彼と話しながら、ゲネプロを見ていたら、たしかに、保育士たちは子どものように、前のめりに競技に参加していた。

小林もまた保育士の様子を見ながら、わたしに説明する。

「保育士の表情、姿勢、立ち位置、目線の向け方、競技に参加していない時の座り方、さらにはマイクの持ち方、そこに流れる音楽まで指示し、チェックして本番を行う許可を出

ゲネプロでは代表の小林自ら細かく指示を出す

します。ゲネプロで失敗した点は本番までに直してもらう。運動会はいちばん子どもと保育士が共感できるイベントですから、それを盛り上げるように演出しているのです。

コピーの運動会では競技やダンスごとのフィールドの準備、用具出しやライン引きはすべて保育士が行います。一般の保育園では保護者が手伝うところが多い。それはしません。うちではライン引きでもプロの手際を要求しますから、保護者にはできないのです。それよりもプロフェッショナルなライン引きを保護者に見ていただきます。すると、あまりの手際のよさに、保護者から拍手をいただくことがあるんです。

運動会だけではありません。たとえばクリスマスには必ず『本物』のサンタクロースに来てもらっています。日ごろ目にしている職員が衣装を着て白いひげを付けるのではなく、クリスマスのためにサンタクロースになる職員を選抜します。そして、研修を行います。さらに衣装を着てメイクを施し、サンタクロースとして登場します。0歳児から5歳児までの子どもたちに『サンタクロースは本当にいるんだ』と実感してもらうためなんです」

運動会では保育士も本気で競技に参加する

園児も保育士も保護者も泣く運動会

わたしは運動会の本番もいくつか見に行った。

コロナ禍の後だったこともあって、園庭には保護者があふれていた。そして、開会前なのに保育士が集まり、円陣で鬨《とき》の声を上げていた。

「お前たちは川中島の合戦でも行うつもりなのか」といった風情だったのである。

気合十分の保育士たちはプロフェッショナルとして子どもたちと運動会を構築していた。

プログラムは進行していった。どのプログラムでも、保育士たちはひとり残らず子どもを応援していた。走る子どもたち、演技をする子どもたちに向かって拍手喝采をし、子どもの気分を盛り上げる。

この例えは適当ではないけれど、居酒屋の店員が店内を盛り上げ、客にたくさん飲ませて、食べさせるような感じである。プログラムも秒単位で進行していく。遅滞がない。

ダンスであれば上手な子も下手な子もいるが、保育士たちは失敗した子にも声をかけて拍手喝采する。

「私たちがここであなたをちゃんと見守っているよ」と伝える。

驚いたのは実は閉会後だった。保育士たちは運動会が終わったからといってすぐに道具を片付けることはしない。帰宅する園児、保護者を全員、一列になって見送る。これまた例えは適切ではないが、温泉旅館の従業員が宿泊客のバスを見送る感じである。最後のひとりが角を曲がって、保育士たちの視界から消えるまで直立して手を振って見送る。それからやっと会場の後片付けに入る。

コビーの運動会では保育士は裏方の作業を観客に見せない。運動会のいいイメージを「最高の思い出」として子どもと保護者に持ち帰ってもらう。コビーの保育サービスを理解するには行事を見に行けばいい。

保育士たちのモットーは「一緒に悔しがって、一緒に喜んで、そして最後には、一緒に感動して涙を流せるように仕事をしよう」というもの。たしかに、運動会のフィナーレでは園児、保育士、保護者のなかに号泣している人がいた。号泣は号泣を呼ぶ。号泣者に囲まれていたわたしは号泣こそしなかったけれど、目頭が熱くなった。だが、人前では涙を流すことはできない。

あとで聞いた話だが、運動会を見に来たある園児の祖父が感動のあまり、翌日、現金5万円が入った感謝の手紙を保育園のポストに投入したという。プロのアスリートが出場したスポーツイベントと同様のものと思ったのだろう。

そして、コピーの行事のなかで最も大きなそれが4歳児、5歳児が参加する夏の自然観察旅行、コピー・サマー・アドベンチャーだ。これについては別にルポルタージュを載せる。

第7章

食と園舎も本物を追求

コピーの食育

保育指針にある2番目は健康及び安全だ。そして健康と安全に密接に関わるのが毎日の昼食と、おやつである。働くママたちは午前6時には起きて、子どもに食事を摂らせてから登園する。しかし、前夜遅くまで仕事をしているママだっている。0歳児、1歳児の子どもを持つママは慢性的に寝不足だから、寝坊をすることだってある。そうすると、子どもに朝ごはんを食べさせる時間はない。

園長や保育士はそういうママたちの状況をわかっている。だから「なぜ、子どもに朝食を食べさせないんだ」と文句は言わない。だからといって認可園では朝食を出すことはできない。出すとなったら、コンビニおにぎりとはいかないので、職員は午前6時に登園してこなくてはならない。やれることはおなかを空かせた子どもたちに栄養のある昼ごはんを食べさせること。

コビーでは独自のスタイルで手づくりの昼食とおやつを出している。委託した業者がつくったものではなく、園にいる栄養士が毎日、つくる。栄養を考え、カロリーを計算し、そのうえで旬の素材を使った料理を出す。メニューの監修は総料理長の三枝清知が行う。元銀座東急ホテル総料理長だった三枝は調理部門と現場の保育士と毎月、会議を行い、新メニューを含む献立を決める。

さらに、コビーの園では調理室が保育室のすぐ隣にある。「コビーキッチンスタジオ」と名付けたそれで、保育室にいる子どもたちはガラス越しに調理の様子を眺めることができる。調理師たちもまた子どもたちがごくんとつばを飲み込む音を感じながら調理をする。子どもたちはつくっている様子、流れてくるにおいをかいで、「今日はカレーだ」と楽しみにする。低年齢の子どものなかにはほとんど食べない子、残してしまう子がいる。だが、コビーではキッチンスタジオ、メニュー構成など「食べてもらう演出」をしているから料理を残す子どもは少ない。

ちなみに、わたし自身も試食させてもらった。食べたのは7月である。

ラタトゥイユとカッペリーニの冷製、ささみのチーズ焼き、コーンサラダ、ジュリエンヌスープ、パイン。おやつはホワイトチョコとライムのレアチーズケーキと牛乳。

ジュリエンヌとはフランス語で「女性の髪のように細い千切り」の意味。野菜を千切りにしてコンソメで煮たスープだ。そんなもの、生まれて初めて食べた。おそらく今後食べることはないだろう。わたしにとってはそれほど希少なジュリエンヌスープをコピーの子どもたちはごく普通に食べている。わたしは5歳児と同じ量の食事をしたのだが、「5歳児ってこんなにたくさん食べるのか」と驚いた。大人と同じ量を食べて、彼らはカッペリーニやジュリエンヌスープをおかわりするのである。

出先では立ち食いそば程度しか食べないわたしはコピーの昼食を必死になって食べ、そして、反省した。

「もっと栄養を摂って、かつ真剣に食べなければいけない」

おいしい料理、新しいメニュー、演出された食卓が用意されていれば子どもたちは真剣に食事に向き合う。そして、食事に感謝する。

給食ではなく「ランチ」

2011年からコビーの総料理長としてメニュー開発と監修にあたっているのが山梨県生まれのグランシェフ、三枝清知だ。佐伯栄養専門学校で栄養学と調理を学び、卒業後、愛媛県のホテル奥道後に就職。同ホテルは来島どっくなどを再建した経営者、坪内寿夫がつくった豪華リゾートである。その後、26歳の時に銀座東急ホテルへ移り、料理人の道を歩む。パリの2つ星料理店、ミッシェル・ロスタンで研修を受けたこともある俊英なのである。同ホテルの総料理長を務めた後、コビーに招かれた。

彼は習い覚えた一流ホテルのレシピで、子どもたちのために安全安心な料理をつくっている。フードロスが出ないよう調理指導をし、新鮮な素材をいかに仕入れるかといった調理以外のことも教えている。

三枝総料理長の話だ。

コビーでは保育士も子どもたちと同じものを食べます。ですから、私は大人が食べてもおいしくて、栄養があるものをつくるよう指導しているのです。大切なのは、子どもも大人も一緒に食べて、一緒においしいと感じること。それが食育です。調理をする際には、HACCP（ハサップ）の基準に基づき、「大量調理・衛生管理マニュアル」を活用しています。中心温度が85℃で1分以上の温度を保つ調理ですね。

私は銀座東急ホテルに27年、在籍していました。銀座東急ホテルは2001年に閉館し、跡地は現在、時事通信社の本社ビルになっています。私自身はホテルが閉館した後に東急ホテルを辞めて、出身校の佐伯栄養専門学校で講師として教えていました。

数年の後、小林代表から「料理を見てほしい」と声がかかったんです。それが2011年でした。当時、コビーはすでに複数の園を運営していて、料理に熱心な保育園と聞いていましたから、仕事を引き受けました。

仕事に就く前、代表をはじめとするみなさんと面接したのですが、その時に言いました。

「私がやりたいのは給食ではありません。ホテルのようなちゃんとしたランチです」

家庭料理でもなく学校給食でもない。ちゃんとしたランチを出して、子どもたちと保育士に食べてもらいたい。代表はその答えが気に入ったのではないかと思います。

指導に行った時のことはよく覚えています。コビープリスクールのだ、でしたね。

最初は栄養士、調理師は私の話をなかなか聞いてくれませんでした。それまでやってきたやり方がいいと思っていたのでしょう。

私はみなさんを叱りました。

料理人ってついつい本気になるとそうなってしまうんです。以降、みなさんは私の話を真剣に聞いてレシピに取り入れてくれるようになりました。

たとえば、コピーカレーという子どもたちが大好きなチキンカレーがあるんです。私はレシピをリニューアルしました。玉ネギの炒め方、炒める方法、香辛料をいつ入れるのか、トマトを入れたらどこまで炒めるのか、すべて変えたのです。

それは子どもが食べやすいようにするための工夫でした。玉ネギを飴色に炒めるにはどうすればいいのか。どうすれば時間もかからず、きれいに炒めることができるのか。それは現場で鍛えられたプロの料理人しか知らないことなんです。

今のコピーカレーは前のものよりもココナッツミルクの量が抑えてあります。以前は少しココナッツミルクが多かった。それで半分以下に抑えたんです。ココナッツミルクを減らして、仕上げにバターモンテ（冷たいバターを熱いソースに加えること）をして、風味を付ける。そうすると、カレーの風味が格段によくなるわけです。仕上げのバターモンテが料理の味、香りをアップさせる。

現場で鍛えられたプロの料理人は料理人として型とかスタイルを持っていないといけ

ない。私の場合は臨機応変。要するに、その時に応じて柔軟にいちばんいい方法を取る。そうやってコピーの給食をおいしいランチに変えました。

今は月に1度、献立会議をやっています。新しいメニューを提案してもらって、代表、数人の園長と私で試食するのです。各園の調理師、栄養士に2か月先の新メニューを開発してもらう。料理が5品とおやつが5品。

調理師のプレゼンを聞いてから試食です。私たちがチェックするのは味だけでなく、ネーミング、季節感、そして、見た目。味はどこでもそれほど食べられないというものはありません。そこの差はあまりない。ネーミングは大事です。子どもたちが食べたくなるようなネーミングにするのも料理の一環ですから。そして、真冬に夏の食材を出すのもおかしいし、盛り付けも重要です。給食ではなく、ホテルのランチですからね。そこは厳しくチェックします。出てきたメニューを不採用にすることが目的ではなく、このメニューはここをこう改良したらどうだろうかといったことも重要な話題です。そうして、改良したら採用するメニューもあるのです。

代表も園長たちも新メニューに関してはかなり突っ込んだ意見を言いますよ。まあ、いちばん厳しい意見を言うのは私ですけれど。

試食用の新メニューをつくるのはひとつの園の調理師ですけれど、出すのは34園です。

統一メニューですから。東京でも山形でも仕入れることのできる材料でなくてはいけない。3000人の子どもが食べるわけですから、厳しくチェックするのは当然なんです。ちょっとおいしいくらいのものじゃいけない。

一般の給食は「サイクルメニュー」と呼ばれています。カレー、ハンバーグ、シチューといったものをぐるぐる回す。一方、うちは毎月、つねに新メニューが10品入ります。ここまでやっている保育園はないですよ。栄養士、調理師にとっても新メニューを毎月、つくるのはいい勉強になる。ある意味、調理師にとってチャンスの多い職場です。

年に1度、スイーツコレクションズって、おやつスイーツのコンテストもやっています。毎年、3月に全園が新しいスイーツを出して、試食した私たちがグランプリを選ぶ。身内のコンテストですけど、34園あるから、グランプリはたいしたものですよ。

うちではそういったおいしさ、見た目だけではなく、フードロスも考えてメニューを開発しています。コロナ禍から物価が上がっていますよね。食用油なんか倍近くになっている。そういうなかで今までと同じ意識だったら絶対にコストが上がってしまう。また、フードロスを減らすことは時代の要請です。環境問題にも関わることだから、何でもかんでも捨ててしまうという調理はどんな飲食店でももうできません。

フルーツを剥く時は分厚く剥くと食べられるところを捨ててしまう。私はみんなにそ

おやつで提供されるスイーツも本格的だ

ういうところを注意するようにしています。

煮物なら、水をたっぷり入れると、それだけだしが必要になるでしょう。これももったいない。積み重なると調味料も油ももったいない。コピーのランチは給食レベルではありません。スイーツも専門店で売れるくらいのものになっています。

「日本で最高、最上の園を設計する」

食事とともに「健康と安全」を支えているもののひとつが園舎だ。保育園に通う子どもたちは通常、朝の8時前から夕方5時まで園にいる。早朝保育、延長保育であれば朝の7時から夜の10時まで園で過ごす子どももいる。毎日、それほど長くいるわけではないが、それでも眠る時間以外は保育園にいる子どもがいる。保育園は子どもにとっては「第二の家」なのである。

保育園へ行くとわかるけれど、そこは子どもたちの王国だ。カトラリーや食器はミニサイズである。洋服を吊るハンガーは小さく、モノを納める棚は子どもサイズになっている。トイレの便器もまた小さくてかわいい。保育園へ行くと自分がガリバーになってしまったような錯覚に陥る。

保育園の園舎はどこへ行ってもたいてい同じようなつくりになっているが、コピーの園舎だけは他とは際立って違う点がいくつもある。

２００８年以降、コピーの園舎を設計したのはミサワホームだ。長年にわたりコピーとの園舎づくりに取り組んでいる星野裕之は初めて小林に会った時、次のように言われたことを忘れていない。

「星野さん、『ザ・保育園』みたいな園舎はつくらないでください。私たちは教室をつくりたいのではありません。子どもたちが快適に過ごす住宅が欲しいんです」

星野は思い出す。

「うちの会社は介護施設の運営は業界ではいちばん古かったのです。当社自体が介護施設を運営していたくらいですから。そうして、２００８年だったと思います。近い将来の待機児童問題が話題になってきていた、そのタイミングで私は小林代表にお目にかかりました。そうしたら、こんなこともおっしゃっていました。

『星野さん、今は待機児童が多いから、保育園は次々と建設されるでしょう。でも、いずれ多すぎると言われる時代が来ます。生き残りの競争になります。うちは生き残るためにきちんとしたサービス施設としての保育園をつくりたい。四角四面のこれまでの園舎では

保育室の壁をなくすことで年齢の異なる園児の交流が自然に生まれる

なく快適性のある、洗練されたインテリアデザインの保育園をつくりたい』

当社はハウスメーカーです。これまでに培ったハウスメーカーのノウハウが保育園舎に生かせるのではないかと思いました。それで一緒に園舎を設計、建築することにしました」

星野が「設計は君に頼む」と起用したのが高木基実。一級建築士である。高木は住宅デザインのエキスパートだ。介護施設の設計はやったことがあったが、保育園の設計は初めてだった。

自信があったわけではない。しかし、当時、1歳の長男、蒼昊《あおい》を自宅近くの園に通わせていたこともあって、保育園については関心があった。高木は「日本で最高、最上の園を設計する」と決めて既存の保育園を見学した。息子が通う保育園、近くにあった保育園、コピーの保育園を丹念に見て回り、メモを取り、設計に生かした。

見て回った時に感じたことがあった。

従来型の保育園はいずれも「教室」のような設計になっていた。まず、園舎は教室と廊下という構造である。それは学校のための設計だ。ひとつひとつの部屋（教室）は孤立していて、廊下で結ぶ。園児は教室のなかで遊び、絵を描き、給食を食べる。そういうつくりだと小学校のように朝から夕方まで、同じ人数が同じ教室に滞在する場合は効率的だ。

しかし、保育園はひとつの部屋にずっと同じ人数がいるわけではない。全員が揃うのは午前9時から午後3時頃まででで、早朝保育、延長保育の時間は部屋のなかに2人か3人の子どももしかいない。その場合、保育士の人数も少ないので、ひとつの部屋に子どもを集めることになる。教室型の構造は実は保育園には向かないのである。

また、従来型の保育園のエントランスもやはり小学校とほぼ同じだった。入口を入ると靴箱が置いてあって、むき出しの靴が並ぶ。子どもたちの靴からは汗のにおいがする。一方、住宅であれば靴箱には扉が付けてある。むき出しで靴を並べたりはしない。

園庭もまた画一的だ。庭の端にブランコなどの遊具が設置されているだけ……。つまり、小学校をそのまま小規模にアレンジしたのが保育園の設計だったのである。

高木は言う。

「数か所の保育園を見に行きました。廊下があって教室というのが基本的なパターンでした。もうひとつのパターンは園舎に廊下がなく、園庭から直接、保育室に入っていくといった設計。この場合、エントランスはなく、部屋の外に靴箱を置く。

さまざまな保育園を見学した後、小林代表とミーティングしました。代表は、はっきりと希望をおっしゃるわけです。

『高木さん、うちは異年齢児交流をしたいから、従来型の画一的な設計にはしないでください』。そこで、私は保育室と保育室の間に壁をつくるのではなく、なくしてしまいました。もしくは壁ではなく、開閉式の間仕切りにしました。

保育室はクラスごとにするのではなく、この部屋ではお絵描きをする、この部屋では音楽と触れあうといった形にしました。そうすれば自然と異年齢児交流ができます。子どもたちは部屋を動いて1日を楽しむことができるのです」

小林はエントランスも従来型ではないものをつくるよう要請した。「学校の玄関」ではなく、ホテルのレセプションを念頭に置いたのである。食事を給食ではなくホテルランチにしたように、エントランスはホテルのレセプション風にした。

「普通の保育園のエントランスって何もないんですよ。その日に出した給食がケースのなかに入っているくらい。エントランスというより、靴を履き替える場所、通過する場所みたいな感じでした。

コピーのエントランスはただの通過動線ではありません。保護者の方たちとコミュニケーションをとる空間であり、園児たちの1日を知らせる空間です。エントランスにモニターを置き、写真や動画で子どもたちの1日の様子がわかるようにしました。そして、靴箱には扉を付けました。外から靴が見えないようにしたのです。

代表がおっしゃるように保育園はサービス業です。すると、保護者はお客さまなんです。

お客さまが来るエントランスにむき出しで靴が置いてあるのはよくない。私もその通りだと思います。エントランスの脇には着替えるための部屋があり、登園したら、そこで着替えます。保育室で着替えるわけではありません。

そして今のコピーの園のエントランスはさらに進化しています。カフェコーナーをつくって、迎えに来た保護者が保育士とちょっと話ができたりもします。ママたちもすぐにうちへ帰るのではなく、ほっと一息つくことができます」

他にも、特色がある。たとえば照明だ。朝は明るく、お昼寝時間は真っ暗ではなく薄明かりにして、夕方はまた明るくといった調光システムを備えた。

トイレは子どもたちが怖がらないよう、パステルカラーの壁紙で明るい雰囲気にした。トイレを暗い閉鎖空間にすると「行きたくない」とむずかる子が出てくる。そうすると、オムツを外すためのトレーニングにも時間がかかる。高木はトイレひとつの設計でも、2歳児の立場に立った。

園庭のない保育園では屋内にオリジナルの遊具を設置した（「コピープリスクールかめいど」東京都江東区）。もしくは吹き抜けのホールを囲むキャットウォークをつくった（「コピープリスクールみさとながとろ」埼玉県三郷市）。

園庭は単に平坦な庭ではない。わざと起伏をつくり、シンボルツリー、果樹を植えた。

ホテルのレセプションのようなエントランス

加えて、水路を設けたり、人工芝のサッカーコートと観戦スタンドを設置した園もある。観戦スタンドの下部にはシャワールームやトイレも設けている。

高木は「園庭の起伏は重要です」と言った。

「起伏を付けたのは子どもたちの運動神経を向上させるためです。ある園では自然の芝を生やして庭全体で遊べるようにもしています。遊具も市販品だけでなく、オリジナルで開発しました。こうして、コビーの園は従来型の園とはまったく違うものになったのです。

そういえば、コビーさんの保育園を設計し始めた2年目のことでした。自分の作品を息子に見せるために、『コビープリスクールよしかわステーション』に連れて行ったんです。そこは部屋の真ん中に木が生えていて、部屋のなかから電車が走っているのが見える構造にしてあります。エントランスを入ると、長い廊下になっているのですが、連れて行ったら、蒼昊《あおい》が興奮していきなり走り始めたんですよ。それを見て、自分の設計は成功したかなって思いました」

星野、高木と一緒にプロジェクトチームにいたのが保育士の資格を持つ野島瑞樹だ。

野島は言う。

「私が保育士の資格を取ったのは現場にいる保育士さんたちの立場に立ってみようと思ったからです。実際には勤務していません。ただ、保育士の仕事の大変さはよくわかりました。つくづく頭が下がります。設計の立場と保育士の立場を合わせて考えると、コピーさんの園舎は子どもたちだけでなく、保育士にも快適にできています。長時間働く仕事ですから、住宅のような設計でないと疲れてしまう。そこが評価できると思います。

コピーのいくつかの園はキッズデザイン賞（後援：経済産業省）を受賞しています。それは子どもにとっていいだけではなく、保育士にとっても過ごしやすい園になっているからです。そうそう、みなさん、案外、気づいていないのですが、コピーさんの園にはＢＧＭが流れています。童謡ではなく、静かな環境音楽が多い。そういうディテールまで考えてあるんです。ただ、ＢＧＭについては私たちではなく、コピーさんからの提案ですけど」

いくつかの園の部屋のなかにはボルダリングの壁がある。模造の木に木登りすることができる。そして、子どもが落ちても怪我しないような床面の構造になっている。

現在、保育園や公園からは木登りのような遊具は消えつつある。公共施設では「木登り」「棒のぼり（登攀《とうはん》棒）」のような登る遊具は排除されている。落ちたら危ないし、手を使ってすべり降りる時、摩擦熱で手が火傷するおそれがあるからだ。子どもがいる施設から遊具が遠ざけられようとしている。

だが、コピーはそうした風潮に敢然と挑む。小林は「一見、安全なものにしてしまう方が子どもにとっては危険」と考えているからだ。

小林の母親、典子はつねにこう言っていた。

「梯子の傾斜を緩やかにすれば安全に見える。だが、安全に見えるものを与えれば、子どもは緊張感を失ってしまう。そうすると転落する可能性が出てくる。屋根裏部屋へ梯子をかけるなら、むしろ急角度にするといい。そうすれば子どもは緊張感を持って上がっていく。危険を察知する能力と危険に対して挑戦する気持ちがある子どもにしなくてはいけない」

コビーの園にあるボルダリングの壁、木登り用の木はただの遊具ではない。緊張感と決然とした心を育てるための遊具だ。

一見すると、コビーの各園の園舎は明るく、快適で、子どもを包みこむ繭のようだ。しかし、細部には子どもの自己防衛能力を育てる仕組みがある。快適で安心を追求しているけれど、一方でチャレンジングな仕組みも考えてある。

第8章

研修と保育士の成長

さまざまな研修

保育指針の3番目が子育て支援だ。コピーでは早朝保育、延長保育を行う他、保護者に寄り添うための工夫もしている。前述の保育の内容、園舎の設計などに子育て支援の要素が入っている。たとえば、園舎の設計で触れたエントランスのカフェスペースだが、子どもを迎えに来た働くママ、働くお父さんに一服してもらうのが狙いだ。その際、園長や保育士が保護者から話を聞く。働くママ、働くお父さんは誰かに話を聞いてもらうことがいちばんのストレス解消だ。

同園では子育ての支援をすることが日常の活動になっている。

そして、4番目が職員の資質向上だ。保育指針には保育園の務めとして職員研修が課されている。コピーでは新人研修から始まり、主任研修、園長研修があり、さらに、行事ごとに任命される実行委員を務めることが職員研修となる。他にも定期ではないが、職員が自発的に考えた内部研修を行っている。

ただ、研修の時間をつくるのに苦労はする。それは保育士の仕事はつねに時間に追われるものだからだ。

次に挙げるのは２０１９年、「コピープリスクールよしかわみなみ」にいた保育士、藤井美歩へのインタビューと１日のスケジュールだ。（オンラインマガジン「保育のお仕事レポート」２０１９年5月30日）

藤井は１日のスケジュールの前に、まず入社した経緯、そして、行事で達成感を得て成長したこと、ＤＸが進んでいることを語る。

「コピーの行事はひとつひとつ規模が大きいんです。特にサッカー大会はひとつの園だけでなく、法人全体の園から子どもを集めて行う２０００人規模の大イベント。それだけに、子どもたちも行事に向けて本気で取り組んでいるんですね。そういうところに興味があって、コピーを選びました。

実際に入職してみると、その通りだったと思います。サッカーの試合に勝って嬉しくて泣いたり、負けてしまって悔しくて泣いたり……そういう子どもたちの全力を見ていると感動しますね。子どもたちと一緒に達成感を味わえるのは魅力だと思います」
「登園記録を入力するために設置しているエントランスのｉＰａｄは保護者の方にもやり方をお伝えしなければいけなかったので、どう説明したらいいものか悩みましたね。ですが、慣れた今では有効活用できていると思います」
そして最前線の保育士である彼女の１日のスケジュールは濃密だ。
「曜日によっても活動内容が変わりますが、早番の際はおおむね以下の通りになります。
7時前に出勤
7時～9時　登園対応（エントランスに立つ先生と子どもを世話する先生で分かれる）
9時～10時　朝の体操、朝のお集まり、先生たちの朝礼
10時～　保育活動（季節や社会行事に合わせた行事や製作を行う他、曜日によって英語教育、サッカー保育などお稽古事保育も行う）
11時30分　昼食
13時　午睡（この間に書類仕事などを行う）
15時　起床、おやつ
16時　帰りの会
以降は随時見送り」

コピーの保育士はランチを子どもたちと一緒に食べる。昼食は休憩ではなく、労働の時間だ。子どもが午睡している間は一見、楽に見えるが、実はこの時間は大忙しだ。たとえば7人の子どもを見る保育士だとすると、7人の保護者あてに毎日、活動記録を書かなくてはならない。2行や3行の記録では保護者が納得しない。

「りゅうくんは今日は園庭でボールを蹴って、仲がいい、はるかちゃんとずっと一緒でした。ボールを蹴った拍子にすってんころりんと転んだのですが、怪我はありません。立ち上がってまたボールを蹴っていました。サッカーのお稽古事保育が大好きなりゅうくん。給食もごはんをおかわりしていました」

最低でも、これくらいの文字数は書かないと保護者は「もっと他にありませんか」と言ってくる。これを7人分書く。ひとりひとりの行動をちゃんと見ていないと、これだけの文章を書くのは不可能だ。しかも毎日である。

保育士は学校の教師とは違い、1秒でも子どもたちから目を離すことはできない。ただ、コピーでは保護者との連絡はデジタル化されている。かつて、連絡帳は紙だったが、今は保育士がｉＰａｄに書いたテキストを保護者のスマホに送信する。デジタル化が進んだことで保育士の負担はほんの少し減った。

帰りの時間は午後4時からだ。迎えに来るのが遅くなった親は午後7時を過ぎることもある。その場合は遅番の保育士が子どもを見送る。

午前7時前に出勤して午後5時過ぎにやっと帰ることができるのが保育士の仕事だ。しかも、月曜日から土曜日までである。むろん、早番と遅番があって、週休は2日となっている。子どもを持つ保育士であれば家事と子どもの世話が待っている。寝る時間を削るしかない。保育士は働く時間が長く、そのうえ家事もやらなくてはならない仕事だ。そして、なおかつ、研修も受けなくてはならない。

小林はコビーの職員研修について、こんな説明をする。

「新人から園長までの研修とは別に内部研修があります。他の保育園ではまずやっていないでしょう。内部研修は職員が自分たちで企画します。座学ではなく、現場リーダーを養成する研修ですね。そのひとつが実行委員会制度です。たとえば行事の時に自発的に手を挙げた人のなかから実行委員が決まります。実行委員がリーダーとなって運動会、発表会、七夕といったイベントを切り盛りしていくのです。夏に行うコビー・サマー・アドベンチャーという一泊二日の旅行があるのですが、そこで実行委員を経験した保育士は間違いなく成長します。日ごろの保育とはまた違う仕事なんです。4歳児、5歳児と一泊を過ごすわけですから、お風呂に入れたり、夜、おねしょしないように起こしたりといったことをやらなくてはならない。子どもとの生活を体験し、保育の幅が広がる。私は座学よりも、子どもと感動する体験を共有することがコビーの職員研修だと思っています。

研修を始めたのは2003年に2つの園の運営受託をした時からです。子どもは大人を見ています。子どもは保育士の成長を見ているんです。ですから、保育士は毎年毎年、成長した姿を見せないと、子どもが不安に感じてしまうのです。子どもの成長についていきながら、自分もまた成長するのが保育士なんです。

コビーはかつて保育士の研修を外部の教育機関に頼んでいました。でも、10年くらい試行錯誤してわかったことは保育の研修は外部委託ではできない部分が多いことでした。今では保育士のロールモデルを育てて、そこから広げていく研修をやっています」

同グループの新人研修は入職してすぐ行われる。その後3年ほど、「フォローアップ研修」という知識、技能だけでなく、モチベーションや職業人としてのモラルの向上を目的とした研修が続く。管理職やこれから管理職を目指す人には主任研修、園長研修もあり、月に1度は行われている。他にも中堅職員の研修、そして、前述の実行委員会制度がある。その他、感染症対策などを覚える専門研修も受けなくてはならない。

小林は「コビーの研修は椅子に座って行うスクール形式ではありません」と言った。

「スクール形式でやる効果が薄いことに気づいたのが2011年頃のこと。園を増設し、保育士の採用も増やしていた頃です。研修をしないとコビーの保育スタイルを守れないと

コピーは職員研修に力を入れている。話しているのは代表、小林照男

思っていました。行きついたのが体験型の研修です。ロールプレイ形式、ケーススタディ形式にして実際に体を動かしながら、自分でやってみる。テーマを決めてつくったシナリオに合わせて実践する。たとえば、急病の子が出たといったテーマを出し、現場での処置、判断をやってみる。急病といっても怪我もあれば発熱もあります。その時々でどういう判断をするかをやってみせて、そして、同じことをやる」

たとえば子どもがアナフィラキシーショックで意識をなくした時にどう対応すればいいかはとても重要だ。アナフィラキシーショックとはアレルギー反応で、蜂に刺されたり、蕎麦アレルギーの子どもが蕎麦を食べたりした時に起こる反応のこと。新人研修でも対応法を教える他、主任研修、園長研修でも繰り返し対応法を教授する。

アレルギー反応が起きた時の対処ではこんな研修になる。子ども役の園長が急にばたっと倒れる。倒れる本人だけにシナリオを教えておくので、最初のうちはびっくりして反応できない保育士がいる。それくらい真に迫った研修でないと、すぐに救急車を呼ぶという判断はできない。座学だけでは突発的な事象には体が反応しないのである。アレルギー反応だけでなく、子どもは熱性けいれんを起こす。各園で年に5～6人は起こす。コピーの研修のなかでも重要なのは子どもの健康を守るためのものだ。研修は職員のキャリア育成だけれど、それよりも重要なのが子どもを守るための現場研修なのである。

ちなみに、保育園では風邪をひいたり、インフルエンザになったりする子どもが必ずいる。また、持病のある子どもも多数いる。コピーでは「お薬のお預かりシステム」というシステムがあり、てんかんを持った子どもにはすぐに薬を飲ませたりすることにしている。ただし、投薬を行うのは園にいる看護師だ。そして、投薬と同時に救急車を呼ぶ。こうした緊急対応は授業を聞いただけではわからないだろう。

ただ、薬を飲ませる際、与えてはいけないものもある。下痢を抑える薬、解熱剤といった対症療法薬は園では使えない。ぜんそくの薬、アトピー性皮膚炎の塗り薬といったような持病に対しての薬であれば保護者から預かることができる。

小林はさらに言った。

「うちでは各園でずいぶん前から嘔吐研修を行っています。それはコロナ禍ではとても役立ちました。嘔吐研修を行っている保育園はあまり聞いたことがありません。しかし、これは重要です。これもまた子どもの健康を守る研修です」

少なかった男性保育士

嘔吐研修とは子どもが園のなかで嘔吐した場合、どういった処置をするかを保育士に徹底させるための教育研修だ。嘔吐したものを片付けてそこら辺を拭き掃除すれば済むわけではない。子どもが嘔吐するのはウイルス性胃腸炎、もしくはウイルスに感染して呼吸器の炎症にかかっている場合が多い。処置を間違えて、ウイルスを飛散させてしまえば他の子ども、保育士にうつしてしまうのである。コピーでは全保育士に嘔吐の処置についての研修を行っている。嘔吐研修をやっていたおかげでコロナ禍を上手に乗り切ることができた。むろん、新型コロナウイルスに感染した子ども、保育士は何十人もいた。しかし、重症者はひとりも出ていない。

「この研修こそ重要だ」と聞いたので、わたしはある園長に話を聞き、実際にそのやり方を見せてもらうことにした。

見学に行ったのは、「コビープリスクールおおたかのもり」。150名の子どもたちが通う大規模な保育園だ。園長は三鍋明人。三鍋は男性の保育士として2003年に入職したベテランだ。

「保育の専門学校を出た20歳の時にコピーに入りました。ちょうど3園体制になった2003年でした。私は親が教員だったんです。養護教諭でした。親の仕事を見ていたこともあり、高校生の頃から発達障害の児童がいる放課後クラブへボランティアに出かけていました。その頃から保育士になろうと思っていました。私が入学した頃、保育の専門学校ではまだ男子は多くありませんでした。いたとしても、ちょっとおとなしめの人ばかり。

就職活動ではいくつもの保育園に電話したとたんに断られました。幼稚園もダメでした。保育園には10か所以上、電話したけれど、面接にたどり着いたのは3園で、そのうちひとつは面接で『悪いね、うちは男子は採らないんだ』って言われました。それならどうして面接に来いと言ったのか。

コピーは園が増えている時でもあったし、もともと、男性の保育士を受け入れる園だったのです。代表の母親の典子先生が『保育には父性も必要だ』という持論をお持ちだったからでしょう。

僕が入った時、男性保育士はひとりだけいました。同期の男性は私を入れて3名。

私は28歳で園長になりました。園長になってみて保育士の仕事とはずいぶんと違うことがわかりました。園長は全体を見ないといけない。保育士は子どもと保護者を見ていればよかったけれど、園長になると職員と会社全体も見ていなくてはならない。そして、園長になって『ここは女性の職場なんだ』とあらためて気づきました。職員のほとんどは女性で、彼女たちの話を親身になって聞かなくてはならない。それが園長の仕事です。

職場をまとめていくには職員の話を聞くことに尽きると思いました。子ども、保護者、職員たち。保育士、園長の仕事とは話を聞いて相談に乗ること。そして、見守ること。職員とは一緒にお酒を飲みに行くこともあるのですが、相手が女性ですから一対一では行きません」

嘔吐研修

三鍋は話の後、ひとりの保育士を呼んだ。

「嘔吐研修ですが、子どもが嘔吐した場合、コピーでは必ず2人の保育士が対処します」

嘔吐研修を始めたのは2010年からだ。それ以前から季節を問わずノロウイルス、ロタウイルスなどが流行り、何人もの子どもが嘔吐したり、下痢したりといったことが起こっていた。そこで保健所と相談し、独自の研修を始めた。

三鍋は言った。

「子どもが嘔吐するのはウイルス性胃腸炎がほとんどです。アデノウイルス、ノロウイルス、ロタウイルス。うつるのは吐しゃ物から、そして空中に浮遊するウイルスです。ですから、僕たちは防護服のようなディスポーザブルエプロンを付け、頭に衛生キャップをかぶり、マスクをし、ゴーグルをかけます。そして、ディスポーザブルの手袋を二重にして、ソックスも穿きます。そうですね、野地さん、では子どもの役をやってください。このバケツに吐いてください」

わたしは嘔吐した。本物ではなく、あくまで真似ではあるが。

三鍋はすかさず助手の保育士に指示をした。

「窓をすべて閉めて。子どもたちをすぐに別室へ。僕は吐いた子ども（わたし）の世話をする。床に落ちた吐しゃ物をもうひとつのバケツへ。大丈夫だよ、全部吐いていいから（わたしに話しかける）」

肝心なことは部屋を閉鎖することだ。一般家庭では、子どもが吐くとにおいが嫌だからと窓を開け、ドアを開け放つ。すると、ウイルスが部屋中を舞い、浮遊してしまう。そうして家族にうつる。家庭では親は何の防護もしないで子どもに駆け寄る。そうして、嘔吐物を雑巾で処理したりするから感染してしまう。免疫力の強い成人は感染しても発病しないかもしれない。しかし、ウイルスを吸い込んだ体だから、もし、料理をつくったりすれば食べた子どもたちが感染する。ウイルスは強いのである。

三鍋は「部屋を閉め切ることが重要です」と繰り返した。

「子どもは突然吐きます。ほとんどのケースは保育園でうつったのではなく、家庭で感染していて、それが保育園に来たとたんに発病するわけです。

コピーでは、ある子どもが吐いたら、近くにいた保育士がインカムで『お手伝いお願いします』と全員に伝えます。『吐いちゃいました』などと言ったら、それを聞いただけでまた吐いてしまう子がいるので、『お手伝いお願いします』という言葉にしてあるのです。

他の子たちは別室へ避難させます。対処する2人の保育士のうち、ひとりが窓を閉めて、エアコン、換気扇をオフにする。そして、吐いたものをバケツに入れて片付ける。部屋の床を次亜塩素酸ナトリウムを含んだ殺菌剤で消毒する。

もうひとりの保育士は子どもの様子を見て、吐くだけ吐かせる。そして、様子が安定してきたら、場合によっては病院に連れて行きます」

三鍋は説明を続ける。

「手袋を二重にするところがポイント。上に付けた一枚は最後にくるっと丸めて捨てます。そして、子どもが着ていた服は脱がせて消毒する。もう一枚の手袋は付けたまま部屋の消毒を手伝います。消毒の範囲は吐いた子から半径2メートル。消毒が済んでから30分間は介助した2人の保育士は部屋から外へ出ません。子どもは安静にさせてから病院に行かせます。ただ、子どもが吐いた後、けいれんしていたり、切迫した状況であったりすればすぐに救急車を呼びます。たいてい、吐いてしまえば一度は落ち着くので一緒に病院へ連れて行くことが多い。そして、消毒してから、30分が過ぎたら初めて換気します」

子どもが吐いた場合、家庭でもここにあるのと同じ体制をとれば家族も体調が悪くなることはないだろう。ウイルスが流行っている時期に子どもが吐いたら部屋は閉め切って消毒することだ。つい、外の空気を入れたくなるけれど、においは我慢する。窓とドアは開放しない。

カキは年末にしか食べない

三鍋は続けた。

「いちばん大変なのは給食の最中に嘔吐する子が出ることです。他の子どもが嘔吐を始めるからです。そうした場合にやることは最初に吐いた子ども以外は他の部屋に移すことでしょう。そして、食品は吐いていない子の分も含めてすべて廃棄します。空中にウイルスが飛散しているかもしれないので、そこにあった食品は処分してあらためて別の部屋で別のものを食べさせます。

つまり、もう一度、つくり直して子どもたちに食べさせ、それからお昼寝させます。おかわりのために用意していた分、保育士の分を先に提供します。うちではだいたい10分以内に出てくるシステムになっています。それは食事の最中に吐くことも稀なことではないからです。

ノロウイルスはほんと怖いです。何といっても症状が重いからです。以前、ノロウイルスの流行は冬だったのですが、今では夏でも出るようになりました。

主な原因は二枚貝からの感染です。私もそうですが、小林代表をはじめとしてカキや二枚貝を食べることはありません。食べるとしたら年に1度。正月休みの前にカキフライを食べるくらいのものです。その時でも生のカキは食べません。子どもたちに感染したらいけないからです。同じように夏場の生野菜も食べません。熱処理したものだけです。

保育園で出すランチは安全です。まな板、包丁は食材ごとに全部替えていますから。野菜でも中心温度は85℃以上で1分以上になるように加熱処理しています。調理員も体調を崩していたら休んでもらう。ですから、うちの園の人間からノロウイルスが出ることはほぼありません。これまでのケースでは家庭ですでに感染していたケースが多いように思います」

ノロウイルスなどの感染では嘔吐だけでなく下痢という症状が出ることもある。ただ、三鍋の経験では下痢の処理はトイレのなかで行われる。トイレのなかだけで処理ができるので、他の子どもにウイルスがうつるケースは少ない。

三鍋は言う。

「コピーのトイレはもともと、衛生区画として設計されていて、空気が外に出ないよう気圧が調整してあります。ですから、下痢してぐったりした子どもを介抱するだけでいい。嘔吐の処置の方がはるかに大変です」

コピーの職員研修のうち、他の園でやっていないものはウイルス感染に対応する嘔吐研修だろう。ただ、これは本来、どこの保育園、幼稚園、小学校でも必要な研修ではないだろうか。もしくは中学、高校、大学、企業といった組織でも、もはやこの研修は必要だと思われる。

繰り返しになるが、コピーではこの研修をやっていたためにコロナ禍を上手に乗り切ることができた。防護服、ゴーグルなどが園に用意されていたので、それを使ってコロナ禍に対応したのである。

改善は続く

嘔吐研修は子どものための研修だ。それと同じように子どもの安全を守るためにやっているのがバスに乗り降りする際の点呼である。バスに置き去りにされた子どもが亡くなる痛ましい事件があったが、コビーではそれが表面化する前から確実な点呼法を取っていた。

また、もうひとつ安全に関連する事柄がある。コビーでは子どもたちを連れて遠足や旅行に行くが、飛行機を使用することはあっても、船に乗せることはない。それは小林典子がつねづね言っていたことから来ている。

典子は言っていた。

「いい、泳げない小さな子どもは絶対に船に乗せてはダメ」

さて、コビーは34園持っているので、遠足やサッカー保育といったイベントのために小型から大型までを含めて10台のバスを保有している。送迎バスではなく遠出するためのものだ。コビーでは図書館、動物園、各園の近隣にはない公園に出かける時、バスを利用して園児が乗っていく。その際、バスの乗り降りでは点呼を行う。それは独自のやり方だ。

三鍋はこういった説明をする。

「バスに子どもを置き忘れることはあってはならないことです。うちでは絶対にそういうことが起こらないような点呼のやり方をしています。加えてバスの点検も乗車前に必ず行いますし、ドライバーの健康状態もチェックしています。ですから、バス、ドライバーに不備がある場合はそもそも子どもを乗せません。

点呼ですが、その前にまず乗員の配置があります。各園の園長はドライバーの隣、いちばん前の席に座ります。何かあった時にバスを停止させる、渋滞で道を変えるなどの判断をしなくてはならないのでドライバーに指示を出すため、前の席が園長席になります。いちばん後ろの席には保育士。また中間にも保育士が乗ります。

バスに乗せる前にまず、その子が登園したか登園していないかをｉＰａｄでチェックします。保育士は全員、ｉＰａｄを持っているので、それをチェックする。それから園を出る前、エントランスに子どもたちを並ばせて点呼をします。それも２人でやります。ひとりが先頭から数えて、もうひとりが後ろから数える。その際、番号を呼んで、同時に子どもの肩を触ります。１、２、３、４人と数えていって肩を触る。２人が数えて、同じ人員になったのを確認してからバスに乗せます」

点呼時とバスに乗せる順番はあらかじめ決めてある。乗せる前にはバスの横に並ばせて行列の順番で席に着く。そして、目的地に到着したら子どもたちは降りるのだが、バスから出て整列させて点呼を取るのはどこでもやっているだろう。肝心なのは点呼の際に肩を触ること。そして、バスのいちばん後ろの席に座った保育士がシートを叩きながら、シートの下に子どもがいないかどうか、上の棚もすべて覗き込んで確認してからバスを降りる。

シートの下、棚の上を確認するのは子どもが隠れていることがあるからだ。また、シートをバターンと叩くのは下にもぐって、眠っている子がいることもあるからだ。コピーでは他の保育園で起きた事故の例などを参考にして点呼法の改善を続けている。むろん、点呼時に登園した人数、乗せた人数などが合致していなければバスは動かさない。

バスのなかに園児が取り残されることは絶対にあってはならない。それを防ぐにはコピーがやっているような「触る点呼」をどこの保育園、幼稚園でも採用するしかない。この方法について、コピーはユーチューブに動画を上げている。

職員研修は黙って座って講義を聴くそれではない。現場へ行き、ロールプレイングで知恵と技術を伝える。好例が子どもの安全に直結する嘔吐研修、バスに乗車させる際の点呼といったものだ。

嘔吐研修では保育士のひとりが子どもになって嘔吐した真似をする。防護服とゴーグル、手袋を身に着けた2人の先輩保育士が実際にやってみせる。その後、新人が同じことを繰り返す。また、コピーに入った保育士は誰もがハサミを使って10円玉くらいの円を紙から切りだすのを教わる。正確な円形になるまで練習させられる。また、窓ガラスに貼る紙の装飾品をつくる工作研修もやる。複数枚の紙を折る時は1枚ずつ折って角を合わせるといったことも教える。ピアノ、ダンスの研修もやる。運動会の体操、準備、テントの建て方といった研修もあるし、これも実際に園庭でテントを設営する。

保育士の仕事は、保育に加えて児童の看護であり、イベントの設営であり、図画工作、体育、音楽の先生である。子どもにとってのスーパーマン（ウーマン）だ。プロフェッショナル保育士とはスーパーでかつ万能選手のことをいう。

小林は現場での実践研修を通して「職員には自己肯定感を持ってもらいたい」と思っている。

「今のZ世代の人たちは競うことに対して消極的かもしれません。勝つために考えたり、作戦を練ったり、練習をしたりといった経験をしてきていません。それは良い面でもあります。相手を蹴落としてやろうという人はほぼいませんから。ただ、人生では戦わなければならない場面もあります。病気にもなりますし、地震や洪水に遭わないとも限りません。

ですから、私は保育士の研修に競う要素を入れました。そのうえで、全員に成功した快感を味わわせたい。そして、勝ってもらいたい。ただ、それを叩きこむのではなく、徐々に体感してもらいます。

子どもたちを引率して、何かがあったら、その時、保育士は体を張って子どもたちを守らなければならない。戦う仕事でもあるのです。ですから、座学だけでは無理です。

私は研修で保育士たちを追い込むことはしません。駅前でスピーチをさせるような、人を追い込んで感動を体験させる研修は多いけれど、実は、その効果ってそれほど長続きするものではないと思います。それよりも、現場で考える癖をつける。点呼のような安全の確認行為は決してルーティンにしない。何かをする時には必ず考える人間になってもらいたい。研修を通して覚えることは考えることなんです。

どんな人でも失敗したり成功したりを繰り返して育っていきます。勝っても負けても自己肯定感を持てたら、人生を乗り切っていける。何があっても負けない人になってくれればありがたい。私はそう考えて研修をやっています」

第9章

最前線の園長たち

保育士の1日

保育園はどこでも厚労省が決めた保育指針に沿って園を運営している。園の運営で自らの特色を出そうと思ったら指針のなかにある保育の内容、健康及び安全、子育て支援、職員の資質向上の4項目のなかで独自の工夫を凝らすしかない。

コピーではいずれの項目でも特色があるが、とりわけ力を入れているのが保育内容のなかの行事、そして、職員の資質向上のための研修だ。

そして、この2つを有機的に結びつけている。つまり、行事は子どもたちが成長するイベントだ。同時に職員研修ともなっていて、保育士もまた成長する。子どもも保育士も泣いて笑って、大人になっていく。

プロとして成長した保育士の代表に「コビープリスクールせきまち」園長の佐々詩織、同あたごの鈴木健児がいる。2人に保育士、園長として現場の様子を話してもらった。

佐々詩織は短大の保育科を出て2009年に入職した。

佐々は言う。

「私は子どもの頃、保育園に通っていました。保育園育ちだから、小さい時から保育士になるって決めていました。いとこのお母さんが保育士で、髪の毛を結んでもらったりしたことがすごく嬉しかった。私もそういうのしたいなって思って、もう、保育園の先生になりたいですって、呪文のように言い続けていました。

コビーを選んだのは就職説明会でカレーを食べたから。完全に胃袋をつかまれたんです。コビーカレーです。レシピは入職してから知りました。チキンカレーでヨーグルト、ココナッツミルクが隠し味になっている。深みがある味で、それを食べて、ここに入りたいと思いました。

実は公立の保育園で実習したのですけれど、その園の給食がちょっと……。子どもたちがかわいそうだと思いました。そんな経験があったので、コビーのカレー、そしてサラダなどを食べて感動したんです。昼食は毎日のことですから、少しでもおいしいところで働かなきゃと思ったんです。給料に関しては他の園とそれほど変わりません。ただ、コビーの仕事は楽ではないと思います」

彼女は9年間、保育士として働き、園長になる。それから5年が経った。

一般に民間の園の保育士は早番、中番《なかばん》、遅番に分かれて仕事場に来る。朝の7時までに登園するのが早番で夜の8時に園を閉めて帰るのが遅番だ。早番、中番、遅番の時間は各園でそれぞれ違う。

一方、公立の場合、正職員は区または市の職員のケースが多い。そうなると、勤務時間は朝の8時30分から午後4時30分、もしくは午前9時から午後5時となる。早朝保育をやっている園であれば、朝早い時間に保護者に対応するのはパートの職員だ。なお、保育士は土曜日曜は休みだが、行事があると出勤する。また、土曜日もやっている園もある。そして、幼稚園、小学校は夏休み、冬休み、春休みという長期の休みがあるが、保育園は短い夏休みと年末年始だけが休みとなる。東根市にあるコビーの保育園は元旦に働く保護者がいたため、少し前までは年中無休だった。ただ、現在は元旦だけが休みとなった。

保育士になりたい女性は少なくない。だが、休みが少ない勤務体制を知ると、辞めてしまう人がいる。

さて、佐々は自宅から最初に配属されたコビーの園までの通勤に2時間近くかかったので、早番の日は午前4時に起きて、4時47分の始発で通勤した。朝食は電車のなかでおにぎりを食べるしかなかった。ただ、こうした過酷な勤務は彼女だけではない。全国どこでも保育園の早番は午前7時にやってくる保護者に対応する。少なくとも午前6時30分には園に来ていなくてはならない。そうなると、保育士自身に小さな子どもがいて、他の保育園に預ける場合はどうなるのか。夫が子どもを起こして、食事を食べさせてから保育園に連れて行くしかない。もしくは子どもができたら保育士は退職せざるを得ない。それが実情だ。

保育士の1日はやることが多い。

佐々は言った。

「7時になると子どもを連れたお父さん、お母さんがやってきます。みなさん、とても急いでいます。私たちは子どもを受け入れて、朝の掃除をして、最初のうちは子どもを合同で見ています。8時を過ぎるとスタッフも増えますし、子どもも増えてきます。9時になったら全員集合ですね。

登園時でよくあるのは朝、熱を出している子どもを預かるかどうかです。私たちとしては他の子どもに風邪がうつるのが怖いのです。そこで30分おきに熱を測って、発熱したら、お母さんに知らせます。私たちは保護者の方たちが仕事をしていることをもちろんわかっています。迎えに来るのに時間がかかることもわかっています。それでも、子どもは風邪をひきます。園では他の子にうつすわけにはいかないので、保育士がひとり付いて、別の部屋で見ることになります。

お母さんたちもそのことがわかっているからでしょう、みなさん、申し訳ありませんと言って子どもを引き取りにいらっしゃいます。私たちは『元気になって早く来てね』と言うしかない。

そして、子どもたち全員が集まる時間になったら、音楽保育、お製作をやってお昼ごはんになります。11時半くらいから順番に食べて、トイレを済ませて、着替えをしてお昼寝。お昼寝は1時から3時ですね。その間にひとりひとりの子どもの活動記録を付けます。保育士のいちばん忙しい時間かもしれません。毎日のことですし、多めに書きますから。お母さんたちの喜びは保育園で自分の子どもが何をしているのかを知ること。私たちはなるべく多くを伝えたいと思う。コピーではiPadに書くので、連絡帳に文字で書く時代よりも楽になりました。活動記録は園長が必ずチェックしますし、都道府県の監査でも内容チェックがあるので、みんな、真剣に書いています。

お昼寝の後はおやつの時間。そして、帰りの支度をして、午後4時過ぎからお迎えが来ます。ピークは午後6時前でしょうか。最終のお迎え時間は8時。1週間のうち、確実にひとりは8時15分にはなります。9時を過ぎて迎えに来る保護者もいます。私たちがやることは午後8時を過ぎるのならフルーツとか、おやつを補食として子どもに食べさせます。おなかが空いているとかわいそうですから。

現場の保育士だって午後8時には帰りたい。自宅に子どもが待っているわけですから。早く帰ってごはんをつくってあげたい。でも、『お母さん、早く迎えに来て』とは絶対に言いません。『お母さん、大丈夫ですよ』と言ってあげる。そうすればお母さんも少しは楽になります。そして、園舎の電気を落とさずに明るくして、子どもと一緒にお母さんが来るのを待ちます」

コビーに限らず、子どもを迎えに行きたいけれど、会社の都合で遅くなってしまうことはありうる。普通の園では母親が「すみません、ちょっと遅れます」と電話をすると、「早く来てください」と答える。それはそうだ。だが、コビーは「大丈夫。何時でも待ってますよ」と言うことになっている。保育士は早く帰りたい。しかし、彼らはサービス業だと自覚している。お金をもらってやっている仕事だと考えることにしている。保育士の立場では、いろいろ言いたいことはあるだろう。

特に延長保育をしている時間は考えることが多い。午後8時10分にお迎えが来れば、なんとか平静を保つことはできる。しかし、それから30分以上、遅刻してくる保護者に対してはひとこと言いたくなるのが人情だ。しかし、言わない。彼らは言わない。言わないと決めている。それは子どもがかわいそうだから。子どもは母親、父親が迎えに遅れることに対して申し訳ないと感じている。

子どもは先生（担任保育士）の自宅にも自分と同じ小さな子どもがおなかを空かせて待っていることをちゃんとわかっている。だから、遅れてくる母親に怒る。

ある保育士は言った。

「小さな子がお母さんに怒るんです。ママ、早くお迎えに来なきゃ、先生のうちのりゅうくんがごはんを食べられないじゃない。明日はお仕事があっても、もっと早く来るんだよ」

子どもは自分のためでなく、保育士の子どものために怒る。自分のことよりも保育士とその子どものことを心配しているのだ。

子どもたちは大人だ。大人よりも大人の部分を持っている。

10年近く、コピーを見ていて、わたしが感心するのは保育の現場だ。保育士のやさしさと子どものやさしさ。子どもが成長するとは強くなることでもなく、賢くなることでもない。やさしくなることだ。そして、やさしくなった子どもは何があっても負けない。

わたしが取材していて、いいなと思ったシーンは、真冬の午後8時過ぎ、煌々と明かりをつけた園のなかで遅くなった母親の帰りを待つ保育士と子どもだ。迎えに来た母親は走ってくる。母親の姿を見た子どもは走っていって抱きつく。

涙を溜めながら、「明日は早く来るんだよ」と訴える。コピーに限らず保育園ではこうしたことが毎日、起こっている。

実行委員会制度

佐々は現在、コピープリスクールせきまちの園長だ。園長としての1日の仕事は保育士とは違い、全体の管理運営である。子どもと保護者を見るのが保育士で、園長は加えて職員全体を相手にする。小さな会社の社長と同じだ。ただ、1日の時間の過ごし方を聞くと、休んだ保育士の代わりに「保育に入る」ことが多い。


佐々は「コピーは他の保育園よりも、こだわりを持つ部分が多い」と言っている。

「園長はお迎え、見送りの時はスーツを着るなどこだわりが多くあります。たとえば、保護者へ渡す紙の資料ですけれど、コピーでは1枚ずつ、角を揃えて折ります。必ず1枚ずつと決まっているんです。お製作で子どもが色紙《いろがみ》を折る時でも、何枚か合わせて折るのではなく、1枚ずつです。職員には中途で入ってきた人もいます。『紙は1枚ずつ折ってください』と伝えると、他の保育園で仕事をしてきた人は『コピーのやり方は面倒ください』と感じるでしょう。こだわりを持つやり方を定着させることは簡単ではありません。でも、それが園長の仕事です。

思うに、コピーならではの保育は研修と行事を数多く経験することで覚えていくのでしょう。他とは違うのが実行委員会制度です。それは行事の幹事役をやること。そこでチームをまとめていくことを経験する。管理職研修みたいなもので、他の保育園ではやっていないものです。私が初めて実行委員をやったのは『キックオフパーティー』でした。入社式とパーティを合わせた行事で、東京ディズニーランド近くのホテルの宴会場を貸し切って数百人規模で行います。その時に勉強になったのは人の動かし方と目くばりです。そして、子どもたちを動かすより大人を動かす方が本当に大変でした。

実行委員会で委員をやったら、次は副委員長、委員長を経験していきます。キックオフパーティーだけでなく、七夕の時に竹林へ竹を取りに行ったり、サッカー大会をやったりする時に実行委員を経験します。最初は誰もが失敗します。そして、もう一度、手を挙げてチャレンジする。へこたれないこと、チャレンジすることを学ぶ機会でもある。面白いのは入社1年目でも手を挙げたら実行委員にはなれること。私の経験ではこれはやっておいた方がいいと思います」

アスリート園長の失敗

最前線で働くもうひとりの園長は鈴木健児だ。２０１０年に入社して保育士を9年やった後、「コピープリスクールさくらのさと」(野田市)で園長になり、今は定員１５０名のコピープリスクールあたごの園長を務めている。

鈴木はアスリートだ。運動会では準備体操をするのだが、彼の体操を見ていると、テレビに出てくる体操のお兄さんのようだ。手を上げる動作では肩から指先まで腕と手が一直線に伸びている。見ていてほれぼれする。運動会の準備体操を見て、ほれぼれした経験は鈴木の体操を見た時だけだった。

だが、アスリート園長の鈴木は運動会で、ある「失敗」をした。その失敗とは……。

「コピーではすべての園が運動会、発表会をやります。どちらも本格的で運動会では園庭、もしくは小学校の校庭を借りたりします。発表会は園内の部屋ではなく照明、音響が整った市民ホールのステージを使います。そして運動会でも発表会でも、子どもたちはジャージ姿でお遊戯をするのでなく、ダンスの場合は特注の衣装を着て行います。発表会では着物を着て日本舞踊を踊るくらいですから。つまり、運動会、発表会は一大イベントなんです。その大事なイベントで僕は発注する衣装の点数を間違えてしまった」

鈴木はあるクラスの男子の分を19枚、女子の分を10枚、発注した。ところが実際は逆だったのである。男子は10枚でよかった。女子は19枚必要なのに、10枚しかなかった。そして、ミスが判明したのは前夜の午後7時だった。万事休すだ。

鈴木は慌てて、徹夜してでも、足りない分を自作しようとした。しかし、衣装制作の総監督だった小林わか子（代表の妻）に指導された。

「なぜ、大切な衣装のチェックを前日のそれも夜にやったの？　あなたは甘いんです。一生懸命練習してきた子どもたちは本番の衣装を着てダンスをするのを楽しみにしているの。健児先生、あなた、どうするの？」

鈴木はひとことも言い返せなかった。100％、自分が悪いと思ったからだ。悪かったことは3点だ。衣装の確認を前夜にやったこと。園の職員に残業をさせて衣装を整えさせたこと。そして、子どもたちが頑張って仕上げてきたダンスを台なしにする寸前までいったこと。

鈴木は後悔の気持ちでいっぱいだった。

わか子は中途半端な数の衣装をあきらめ、それまでに行った運動会、発表会で使った衣装が収納してある大きな倉庫へ行き、似たものをピックアップするよう鈴木に指示した。

そして、徹夜でサイズ直しをして子どもたちに着せたのである。本番しか見ていない親たちは事情を知らず、喜んで見ていた。しかし、鈴木は本番を見て、また反省した。

「コピーではこれまでに使った1万点以上の衣装をすべて野田市にある倉庫に収蔵しています。私はわか子先生と電話で連絡を取り合い、相談しながらピックアップしました」

保育園の園長の仕事で保育士と違うのは確認と判断だ。子どもたちは元気でいるか、外へ連れ出す際に危険はないか、怪我をしたら、熱が出たらどうするのか。保育士が判断を仰いできたら、即座に答えなくてはならない。それなのに、園長自身がチェックミスをしていたら、保育士たちは不安になってしまう。

鈴木が犯したミスは衣装の枚数を間違えたことではなく、自分の仕事をわかっていなかったことだ。だから、小林わか子は注意したのである。

ただ、これだけ書くと、鈴木がダメなように見えるけれど、そんなことはない。普通以上の立派な園長で、運動会ではスターだ。保護者のアイドルでもある。「健児先生の体操を見たい」といったファンがいる。

鈴木は言った。

「失敗してから、園長の仕事をあらためて考えました。自分が得意とする体操でさえも、まだまだ勉強して上達しなければならない。体操についても代表（小林）から繰り返し、指摘された点があります。

『健児先生、キミの体操は素晴らしい。だが、それは自分自身を見せるための体操だ。でも、保育士は、子どもたちを指導する体操をやらなければダメだ』

自分が美しく見える体操ではなく、子どもが美しく見えるように体操を教えなければならないんです。そのために私は子どもたちの前では過剰に動きます。動きを誇張しています。それは子どもが真似すると、どうしても、1割、2割はスケールダウンしてしまうので、私は120%の体操をやらなければならない。そうすれば子どもたちの体操もよくなるんです。体操だけでなく、ダンスでも、日常の挨拶でも同じです。私たち保育士は120%でやらなくてはいけないんです。

もうひとつは子どもの伸びしろを頭に置いて教えること。0歳、1歳の子どもと4歳、5歳の子どもではダンスの内容は違います。4歳、5歳の時の完成形を考えながら、0歳、1歳の子を教える。この伸びしろを考えるのは園長の役目ですね。担任は自分のクラスの子どものことしか見えていない。園長は子どもの近未来のことまで考えて指導をしていく。やることはたくさんあるので園長は大変です。でも、子どもたちの成長を見ることができる仕事ですからね。たった1日で成長するのが子どもです」

園長としての仕事でもうひとつ重要なのが保護者とのコミュニケーションだ。保護者は自分の子どものことを保育士だけではなく、園長にも相談する。その時に「お母さん、大丈夫ですよ。心配しないでください」と言ってあげて、自信を持たせるのは園長の仕事だ。保育士は日常の子どもの様子について伝え、園長は「大丈夫ですよ」とにっこり笑う。泰然自若であることが要求される。

たとえば、なかなかオムツが取れない子どもがいる。普通であれば2歳で外す。ところが、4歳になってもオムツをしている子どももいる。保護者は不安になる。

「うちの子は小学生になってもオムツをしているんじゃないかしら」

保護者はそう思って、憂鬱になる。そういう時は園長の出番だ。

にっこり笑って、「大丈夫ですよ」とまず言う。

それからこう言えばいい。

「お母さん、5歳になればどんな子でもオムツは取れます。心配しないでください」

「でも、先生、うちの子はなかなかパンツを穿こうとしません」

「お母さん、それはね、今は冬だからです。うちの園では冬場はオムツトレーニングはしません。寒い時期にオムツを外そうとすると、子どもは嫌がるからです。春が来て、夏になればオムツは蒸れます。子どもは喜んで外しますよ。お母さん、それまではじっと見ていましょうね。大丈夫です」

そう伝えれば「うちの子はオムツが外れない」と悩んでいた親の顔がパーッと明るくなる。

オムツと並んで、保護者とのコミュニケーションでよくあるのが運動会の徒競走だ。これもまた園長の出番となる。

親が心配なのは、自分の子どもが徒競走でビリになることだ。

そこで園長に話をしにやってくる。

「何とかうちの子が1位になる組み合わせにしてくれませんか」

そう言いながら、保護者自身も理不尽な要求だとわかっている。

園長はにっこり笑う。

「大丈夫ですよ、お母さん。りゅうくんは早生まれで小さいから同じ年齢の子どもたちよりちょっと遅いだけ。でも、お製作では誰よりも上手だから、本人はビリになっても気にしていません。お製作で一番なんだから、かけっこでビリでも子どもは傷ついたりしませんよ」

この時、「そんな要求を受け入れることはできません」と言ってはいけない。

保護者の話をすべて聞いたうえで、心のなかを推測する。保護者が自分で納得する答えを見つけるように導いていくのが園長たるものの役目だ。細心に、大胆にコミュニケーションしなくてはならない。

園長の仕事のなかで、最も大切なのは判断業務だ。子どもが怪我をした、あるいは病気になった時、どういう判断をすればいいのか。

鈴木は言う。

「小林代表からは、怪我をした部位が首から上ならすぐに救急車を呼べと言われています。また、子どもが発熱した時、迷ったら救急車を呼べ、と。うちの園のように150人もの子どもがいれば誰かがブランコから落ちたり、足をくじいたりします。毎日、判断をしなくてはならないんです。ちょっとしたすり傷、切り傷で救急車を呼ぶことはありません。救急車を呼んだら保護者に連絡しなければなりません。職場で『子どもが救急車で運ばれた』と聞いた親は心臓が止まりそうになるでしょう。保護者のことも考えて、気安く呼ぶわけにもいかないんです。しかし、迷ったら呼べ、です。その都度、その都度、判断しなければなりません」

前述のコビープリスクールせきまちの園長、佐々詩織も「判断でいちばん難しいのが子どもの怪我と熱が出た時」と言っている。

「コビーは生後57日から預かります。0歳児が熱を出すことはよくあります。私は迷ったらすぐに救急車を呼びます。ただ、ほんとによく熱を出すのが子どもですから。

そして、預かっている子どもはひとりじゃありません。他の子どもにうつらないようにする。そのことも考えて判断します。

保育士、そして、園長をやっていて何よりも嬉しいのは発表会、運動会で、子どもが練習してきた成果を出すことです。子どもって大人よりもすごいんです。前日まで100%の出来で喜んでいたら、本番で衣装を着て舞台に立ったら120%の演技ができる。大人はそんなことはとてもできません。私はこれまでに120%の力を出した子を何十人も見てきました。子どもっていいなあと思ってしまいます」

保育士の仕事、園長の仕事はへこたれないことに尽きる。それは毎日、何かしら、異変が起こるからだ。それは天変地異のような重大危機ではない。子どもたちは転んで膝小僧をすりむく。咳をしたり熱を出したりする。小さな怪我と発熱は毎日、起こる。園長、保育士は毎日起こる小さな危険と戦っている。

ジーン・ウェブスターが書いた『あしながおじさん』（新潮文庫）にはこんな一節がある。

「人格が求められるのは、人生における大きなトラブルではありません。だれだって危機的状況に置かれれば立ち上がり、勇気を持って押しつぶされそうな悲劇に立ち向かうことができます。でも、一日のささいな危険に笑って立ち向かうのは気力がいるとつくづく思います。

わたしはそういう人格を養いたいと思います」

『あしながおじさん』の主人公、孤児院で育ったジュディは「一日のささいな危険に立ち向かうための気力」の必要性を説く。

コピーの保育士、園長たちが直面しているのも毎日のちょっとした危険だ。彼らは子どもと毎日を過ごすことで、自然のうちに自分自身を成長させている。

第10章

保育はサービスだ。

保護者を巻き込む

コピーの代表、小林は子どもたちを育てるだけではなく、自分たち大人もまた子どもと一緒に育つ必要があると考えている。大人といってもそれは保育園の職員だけではない。保護者もまた一緒に成長することを目指している。子ども、保育士、保護者が三位一体となって保育園行事に参加して、そして成長することを大切にしている。

小林は「保育園は舞台だと思っているんです」と言った。

「子どもたちを舞台に乗せて、活躍してもらう。あくまでも主人公は子どもです。ですが、舞台のつくり方を間違えると、保護者はただの傍観者になってしまう。ただ見ているだけの傍観者、もしくは見ているのは自分の子どもだけというのは保育園としては失敗だと思います。保護者が子ども全員を自然のうちに見守っているような園の運営をしていかなくてはいけない。たとえば、行事では見ている人たちがどんどん巻き込まれていくようでなくてはダメなんです。

巻き込まれた人たちが子どもたちを盛り上げていく。そうして、子どもはノッていく。子どもは自己肯定感を得るし、大人は参加する楽しさを味わう。保育士もまた達成感を得る。保育園という舞台で主人公の子どもたちに目が行くように運営することが重要です。だから私は子どもたちが拍手や声援をもらう場面をいっぱいつくっています。私たちが園の行事を大切にしているのはそれが舞台だとわかってもらいたいから。

私の母が『伝説の保育士』と呼ばれたのは保育園という舞台の名演出家だったからでしょう。母はいつも子どもと保育士と保護者を見ていました。私もできるだけ真似しているのですけれど、どこまでできているかまだわかりません。大人を巻き込んでいる園とそうではない園がまだ混在している状況だからです。

保育はサービスです。福祉でもなく公的扶助でもありません。そのことを自覚しない限り、大人を巻き込んでいくことはできないのです。そして保育サービスの質をつねに上げていかなければやっていけなくなる時代になりつつあります」

保育園でやっている仕事について、一般の人たちは子どもの面倒を見ることとしか考えていない。同じ色の帽子をかぶった子どもたちを「お散歩カー」に乗せて、その車を押したり引いたりすることが保育士の仕事と思っている。

一般の人々は小林が実行しているような保護者までを巻き込んだ舞台づくりなんてことは想像すらできないだろう。しかし、少子化が進んだ現在、子どもの面倒を見るだけの保育園は保護者から選んでもらうことができなくなっている。

小林が保育園の運営に大人を巻き込むことを続けているのは、そうすれば保育サービスの質がさらに向上するからだ。保育サービスはいつまでもどこまでも向上させていかなければならない。「これくらいでいい」と思ったら負けだ。待機児童が多いと言っていたのはすでに過去のことで、保育園経営者はのんびりしてはいられないのである。

保育園が余る時代

待機児童の問題があらわになったのは1990年代の後半からだった。だが、国民的な話題になったのは2016年に匿名ブログに投稿された「保育園落ちた日本死ね!!!」という言葉からだろう。強烈なインパクトがあったため、政府は保育園の整備を進めた。この言葉が流行った翌年のこと、近所にあった小公園にたちまち園舎ができ、保育園になったことを覚えている。

ひとりの女性のブログが政治を動かした。そうして保育園が増設された後、少子化はますます進んだ。子どもの数は減る一方だ。そして、２０２０年にはコロナ禍になった。３年間は保護者がオンライン勤務になったため、自宅で子どもの面倒を見るようになり、保育園へ通う子どもの数は減った。コロナ禍は明けたがオンライン勤務を推奨する企業はまだあるので、子どもを保育園に通わせずに自宅で働く保護者も少なくない。

保育園業界にとって、コロナ禍は大きな転機だった。それまで政府は「保育園をつくってください」と働きかけていた。それが今では、「もうこのくらいの数でいいんじゃないか」となっている。

全国一律ではないが、保育園の数が余る時代になってきたのである。

それなのに、いくつかの保育園は「保育は福祉の範囲内」との考えで運営されているようだ。園舎、給食、職員の勤務時間などは園の都合で決定されていると思われるところもある。子どもがわくわくするような園舎ではないし、給食も特色がある献立ではない。そして、そういった園では保育士の勤務時間は決められているから、早朝保育、延長保育を行っていないところが多かった。利用者本位ではなく、園の都合が優先されている。少し前まで、待機児童が多かった時代であれば保護者は「通園できる園であればどこでもいい」と覚悟した。だが、今では「できるだけいいサービスを提供してくれる保育園に子どもを通わせたい」と考えている。

そういう時代が訪れている。

小林はこの状況を以前から見越していた。

コビープリスクールおおたかのもり園長、三鍋明人は「私が入職した頃から代表は将来の計画を語っていました」と言っている。

「私が入った2003年は野田市立南部保育所、野田市立あたご保育所、そしてコビープリスクールのだと3つの園がありました。コビープリスクールと名乗ったのはひとつだけなのに、『コビープリスクールズ』と複数形で話していたんです。どうしてですか？　と私が聞いたら代表は真顔で、『三鍋くん、これから先、コビーは増えていくから、プリスクール「ズ」なんだぞ』って。あと10年したら30園になっているかもしれない。それには保育の質を上げることだ。いつか質を問われる時代になる。他の園と同じサービスじゃダメなんだと、現場がヒーヒー言っている時からサービス、サービスと連呼していました。

3園しかなかった時、保育士が少なくて苦労していました。それでも、入ってきた人には研修を欠かさずやっていました。ハサミで丸を切り、紙を折る時も必ず角を合わせて一枚ずつ折る。丸の形をつくり、角を合わせて紙を折るということをコピーはやり続けるんです。そんなに大きな意味があるのかなあと思いながら、私自身、やっていました。でも、サービスの質を保ち続ける、向上していくことってそういうことなんです。ディテールをおろそかにしたらいけないのが保育の仕事ですから。代表はハサミで延々、丸を切りながら、競争の時代がやって来る。それまでにうちはサービスの質を上げていかなくてはいけないと言っていましたし、今も言っています。保育の仕事って、絶対にひとりひとりの子どもに対して質をおざなりにしてはいけないんです」

三鍋の話を小林に確認すると、「たしかに、園を増やすこと、サービスの質を上げていくことは園を始めた時から考えていました」とうなずいた。

「20年以上前から少子化社会になることはわかっていたのです。ただ、働くお母さんが増えていたから保育園の需要があった。そこで政府は保育園を増やしていき、保育士もまた増員しました。そのまま保育園の整備は進んでいきました。それ自体はいいことです。しかし、数は増えても保育内容がよくなったわけではありません。そして、コロナ禍が来ました。保育園に子どもを通わせずに自宅で面倒を見ながら仕事をする人が出てきました。待機児童の問題は実際にはすでに解消しているのです。それよりも、地域にもよりますが、定員を満たせない保育園が閉園したり、運営権を譲渡したりというケースが出てきています。

保育園はもう選ばれる時代になりました。コピーは行事という感動体験を通して自己肯定感を持つ子どもを育てる。子どもと一緒に保育士、保護者も成長する。それをずっとやってきました。少子化になっても選ばれる保育園であり続けたいからです。そして、うちの保育園を出た子どもたちのことも私はすでに考えています。日本の未来を考えたら、やはり何があっても負けない人材をつくる小学校、中学校、高校が必要だと思うからです」

小林はアメリカの大学で会計学と経営学の学士号を取っている。数字が好きなのだろうし、分析は趣味とも言える。そうして調査分析した数字と根拠をミーティングや研修で語る。教育、保育に関わる人たちのスピーチは道徳、精神、モラルといったものを取り上げることが多い。だが、小林は冷徹だ。一緒に働く人間たちの精神を弛緩させるより刺激の方を選ぶ。彼は日本の少子化とその先の状態、そして、どうやって少子化社会で生き残っていくかをつねづね園長、保育士に語っている。

わたしが見学した研修では新人保育士に次のように語っていた。

「みなさん、これから保育園経営は楽ではないし、保育士という職業も安泰ではありません。しかし、活路はあります」と話を始めた。

「2002年から2022年までの間に、生まれてきた子どもの数は38万人減少しました。

２０２２年に生まれた数は79万９７２８人です。このなかには日本で生まれた外国人の数も入っていますから実質的には77万人です。20年前は１１５万人だったのが激減しているわけです。では、20年後の２０４２年にはいったい何人になるでしょう？

20年間で38万人減少したから、77万人から38万人を引くと39万人。

20年後、子どもの数は半数になる。いま、園児が１００人いる園は50人になる。これだけ人数が減れば、保育園は当然、余ります。そうすると、保育士の数も半分になるんです。保育園も保育士ももはやいらない。

普通に考えるとそういう結論になります。しかし、実はもっと衝撃的な世の中になると私は考えています。日本中の道路を走っている車の数、激減しているでしょう。家のまわりにあるコンビニも今と同じ数はいりません。ハンバーガー店も減ります。それは消費者が減るため、あらゆる業種の会社が利益を出せなくなる。利益が出なければ給料も払えない。そうなると、給料から払う税金も少なくなります。税金が少なくなると、道路の整備もできなくなるし、公園も草が伸び放題になるし、警察官、消防士の数も減る。保育の仕事にとって必要な公的な支えがなくなっていき、そして、保育園に対する補助金もなくなる。どうです。入職したばかりの新人の保育士に悲観的な話をする経営者は私くらいのものでしょう。しかし、これが未来の保育の現実です。みなさんが10年後、20年後に向かい合う現実です。

そして、もうひとつ言っておきますが、少子化から脱却して人口が増えていくには時間がかかります。移民政策を進めればいいじゃないかと言う専門家もいますけれど、それをやったにせよ、20年間で39万人以上を移民させることは可能とは思えません。

ちなみに、これも２０２２年の数字ですが、日本にいる永住者の数は84万５６９３人で前年末に比べて１万４５３６人増えています。１年間で増える数はせいぜい１万人と少しではないでしょうか。

結局、日本の少子化を反転させるには数十年単位の努力と政府の政策が必要です。そんな時代に私たちができることは保育園も保育士もこれまで以上にサービスの質を上げていくこと。『やっぱり子育ては最高だな。楽しいな』と保護者も保育士も思うことができる園をつくること。幸い、２０２３年には建築分野のオンラインマガジンで『世界トップ10の素晴らしい現代の幼稚園保育園』として『コビープリスクールこだいら』が紹介されました。以来、外国の保育園関係者が見学に来ますし、外国から『提携したい』という依頼もいただきます。私のやってきたことが評価されているわけですが、それよりも、まだまだこれからだと自分を叱咤しないといけない。慢心してはいけないんです。そして、僕らの立場から日本の少子化を変えていく。子どもを育てたいと願うお父さん、お母さんのためのことをやる。それをみなさんに考えてもらいたい。少子化を反転させるための保育園になろう。私はその先頭に立ちます」

小林は冷静に話した。危機感を持つだけでなく、問題解決に乗り出そうと言った。自分たちの仕事がなくなることを怖れたからではない。子どもを育てる楽しさを大勢の人に体験してもらいたいからだ。

新人研修に講師として参加していた、コピープリスクールおおたかのもり園長の三鍋も同意していた。

「私たちがやるべきことはまずは少子化の時代に生き残ること。そして、子どもが増えるようにすることだと思います。

少子化を反転させるために保育園の人間がやるべきことはあります。私自身、子どもが2人います。事情があって、今はひとりで暮らしていますが、子どもがひとりだった時、子育てって面白いなと思ったから、2人目をつくりました。それは他の親も同じだと思います。子育てって面白いし、楽しいし、子どもといることが幸せなんです。

それを世の中に伝えていかないと、子どもを2人以上つくろうと思う親は出てきません。私の考えですけれど、親が子育ての楽しさをわかるには保育園行事に進んで参加することだと思うんです。たとえばコピーではハロウィンパーティーをやります。保育士、子ども、保護者も仮装します。ただ、最初の年、保護者はノッてこなかった。ちょっと恥ずかしいっていう気持ちがあったのでしょうね。ところが、ハロウィンを始めてから数年経つと、保護者の方がはじけるんですよ。

子どもにラプンツェル（塔の上のラプンツェル）の恰好をさせ、お父さん自身は塔になっている。お母さんもまた仮装して3人で参加してきました。見ていると、とっても楽しそうなんですよ。そうして、年を追うごとにハロウィンは楽しい仮装パーティになっています。

コピーの力は行事にあると思います。どこも真似ができない運動会、発表会をやっている。代表は昔から『いいか、絶対に前の年を超えるぞ』って檄を飛ばすから、僕らは負けないように頑張った。代表がいちばん頑張っていますけれど。これだけ大きな園になりましたが、代表はすべての運動会、発表会の予行演習で出てきて、1日かけてダメ出しをする。そんな園はないですよ。

子どもたちは楽しむ。子どもたちは、できないことに向かっていく。大人はできないことはやりません。でも、子どもはできないとわかっていてもブランコに乗ろうとする。乗れないから泣く。悔しいと感じている。いつかできるようになります。子どもたちはできないことに向かっていく。大人が学ばなきゃいけないのは、あきらめないこと。僕らは子どもたちを見習って、子育ての楽しさをみんなに伝えていく。楽しむことが成長なんだと伝えていく。感動して、泣いて、成長する。僕ら保育士は1年に何度も泣ける仕事をしていて幸せです」

三鍋の言葉を聞いた小林はうなずき、そして、語り始めた。

「三鍋の言う通りです。子どもはできないことに向かっていくんです。そんな子どもを僕たちは受け入れて、応援している。何事に対してもあきらめないのが子どもなんです。だから、僕らは育てていて感動する。子育ては楽しい。

僕は思います。少子化を止めようと思ったら、『子育ては楽しい』というマインドを広めていかなくてはダメです。保育園や保育士が増えても、教育が無償化されても、若者世代が経済的に豊かになっても、『子育ては楽しい』という空気が醸成されなければ、日本の少子化は止められません。僕らは子育てのプロ集団として、子育ては罰ゲームではないこと、つらいことではないんだと世の中に知らせていきたい」

わたしはコビープリスクールを長い間、見てきた。

コビーの給食はホテルのランチ並みで、大人が食べても満足のいく味だったし、十分な量だった。園舎のインテリアも洗練されていた。見学に行くたびに保育士は立ち止まり、両手を腰の前で合わせて礼をした。全員、「こんにちは」と頭を下げて挨拶をした。ここには上質な保育サービスがあると感じた。そして思った。もう遅いけれど、自分の子どもをコピーに入れておけばよかった。そうしたら、人生が変わったかもしれないから。

第11章

コビー・サマー・アドベンチャー（CSA）

コビーの行事

コビーは行事の多い保育園だ。行事を通して子どもを成長させることを目的としている。行事に関わり、子どもの成長を間近で見た保育士もまた以前とは違い進化した保育を行うようになる。

説明だけを聞くと、「そんなものか」と疑ってかかる人もいるかもしれない。だが、実際に行事の前後に見学に行き、子どもたちの様子を見比べると、成長していることに驚く。さて、次に各園で行われている行事を挙げる。

4月　進級式、入園式

5月　端午の節句、苗植え、母の日のプレゼント製作
6月　時計屋さんごっこ、お船流し（雨を楽しむイベント）
7月　七夕（竹を取りに行くのも保育士の重要な仕事）
8月　お祭り遊び・お店屋さんごっこ（5歳児は店員。4歳児以下は自作の財布を持って買い物をする）、一泊二日のコビー・サマー・アドベンチャー（4歳〜5歳児）
9月　総合避難訓練、敬老の日（おじいちゃん、おばあちゃんへプレゼント）、十五夜
10月　コビースポーツフェスティバル（運動会）、ハロウィンパーティー、秋のピクニック
11月　収穫祭・芋煮会
12月　クリスマスイルミネーション点灯式　Meet the Santa、クリスマスパーティー、クリスマスコンサート
1月　七草、鏡開き、凧揚げ・羽根つき
2月　節分会、保育表現発表会（学芸会）
3月　ひなまつり、コビーカップ（各保育園対抗のサッカー大会）、お別れ遠足、作品展示会（1年間の子どもの製作物を展示）

節句、祭り、ハロウィン、クリスマスは他の保育園でもやるだろうが、お船流し、お店

屋さんごっこ、コピーカップは独特の行事だ。運動会、学芸会はどこでもやる。しかし、同園のそれは規模と内容が違う。コピースポーツフェスティバル（運動会）は保育士たちの体操が目玉だ。実際に見たことがあるが、それぞれの保育士の乱れることのない集団演技に魅了される。練習を重ねた人間たちでしかできないことだからだ。

同じことは保育表現発表会でも見られる。和服を着た子どもたちが日本舞踊を踊る学芸会は日本でコピーだけだろう。しかも、子どもたちが着る衣装は安売りのそれではない。「これはＮＨＫの大河ドラマなのか」と思いたくなるほどの見事な衣装だ。

代表の小林は34園すべての運動会の予行演習、発表会のゲネプロを視察してチェックし、指示を出す。むろん、山形県の東根市にも行くし、茨城県の境町へも行く。チェックは丸一日を費やすから、毎年、２月と10月は他のスケジュールを入れることができない。銀行幹部が彼に「会いたい」と言ってきたとする。保育園の経営者としては銀行とは親密な関係を築いておきたい。しかし、彼は断る。

「申し訳ありません。どうしても運動会の予行演習に立ち会わなくてはいけないので、来月になります。こちらから参上いたします」

銀行幹部は不快には思わないだろうが、「変わった人だな」と受け取るだろう。だが、彼にとって行事は子どもたちの成長の機会だから、重要な案件なのである。なんとしても成功させるために、衣装から保育士の立ち位置までひとつひとつ自ら確認しなければ納得がいかないのだろう。

情熱家の小林らしい決断だ。ただ、経営者としてはいつか彼に代わる人間を見つけてこなくてはならない。もっとも、彼自身もそれはわかっている。だが、まだ代わりの人間はいない。

さて、小林は「行事のなかでも、最も成長するのは4歳児、5歳児が参加するコピー・サマー・アドベンチャーです」と言い切った。

「自由参加ですけれど、ほとんどの子は参加します。母が始めた行事で、子どもにとっては親から離れて初めてお泊まりする体験なんです。明らかに子どもは成長します。おねしょしないこととひとりで髪の毛を洗うことで子どもは成長します。

4歳だと、おねしょする子はいます。そして、泊まりに行く場合は親が一緒です。お風呂も一緒に入るから自分ひとりでシャンプーしたり、リンスしたりする子はいません。

コピー・サマー・アドベンチャーで、子どもたちは初めてひとりで髪の毛を洗うんです。保育士も一緒に入りますが、ひとりでやらせます。そして、これまで長い歴史のなかでおねしょしたのはせいぜい数人です。大人が考える以上にこの2つは大きな体験です。実体験した子どもは自信を持って顔が輝きます。

『僕は平気だよ。おねしょしなかったよ』『私はひとりでシャンプーしたの』って、帰ってから親に言います。自信を持った子どもの顔が見られるイベントなんです。

コピー・サマー・アドベンチャーのような他の園がやらない行事をやるのは子どものためだけでなく、保育士のためでもあります。行事を通して成長するからです。そうして園がレベルアップしていく。

私は保育園に限らず、すすんで行事を取り入れている教育機関は子どもを愛していると思っています」

真夏のかたしな高原スキー場

わたしは「自信を持った子どもの顔」を見るために群馬県のかたしな高原へ出かけていくことにした。会場はかたしな高原スキー場。都心から車で3時間程度の距離にあるスキー場で、夏はキャンプや自然観察の客がやって来る。

出かけていく前まで、軽く考えていた。涼しい高原で、天使のような子どもたちと遊び、夜は冷えたビールを飲んでユーチューブでも見ていればいい。骨休みを兼ねて取材にでも行ってくるかといった程度の気持ちだった……。

しかし、甘かった。冷えたビールはなかった。子どもたちが一緒だから、保育士をはじめ、大人は禁酒なのである。そして、高原が涼しかったのは夜間だけだ。昼間は直射日光で肌が焼けた。子どもたちはたしかに天使だった。だが、天使は206人もいた。206人の彼らは夏の高原にいるだけで興奮し、叫んでいた。無闇に走り回っていた。わたしはほんのつかの間、天使たちと一緒に走った。だが、5メートル走っただけで、足がもつれて転んだ。「コピープリスクールやしおフレスポ」の、はるか先生が寄ってきて「大丈夫ですか?」と介抱された。

「いえ、わたしよりも子どもたちの方へ、ささっ、早く」

しかし、子どもたちは足がもつれたりはせず、鹿のように飛び跳ねて走っていた。

物見遊山の旅ではなかった。現地に行ってわかったことは夏の一大オペレーション(作戦)に紛れ込んでいたことだった。事前に配布されたパンフレットには「Jump into the New　飛び込め　新しい世界へ」と書いてあった。そこはたしかに新しい世界だったのである。

コピー・サマー・アドベンチャーは一泊二日でコピーの4歳児、5歳児が任意参加する夏のお泊まりイベントだ。リフトが6本かかり、コースが11本あるかたしな高原スキー場

コビー最大のイベント、コビーサマーアドベンチャー

をまるまる貸し切って行われる。3回に分けての実施で、参加者は付き添いの保育士を入れると約1000人になる。出発地の保育園からスキー場までの往復に大型バスを25台、使用する。わたしが参加した3回目には206人の園児がいた。園児の面倒を見るのは37人の保育士、そして、25人の実行委員会本部のスタッフである。宿泊するのは125人収容のホテル、124人収容のロッジ（21棟）だ。

子どもたちは早朝、園をバスで出発して、昼前に現地に着く。現地に着くと、子どもたちはバスのなかで溜めに溜めていたエネルギーを爆発させるから、保育士たちは落ち着かせることに必死になる。200人をグループに分けて、自然観察へ連れて行ったり、魚のつかみ取りをやったり、野菜の収穫体験をさせたり……。10種のアクティビティがあり、子どもたちはグループに分かれて順に体験していく。

10種のアクティビティを体験すれば大人はへとへとになるだろう。冷えたビールを飲んで昼寝したくなる。しかし、子どもたちに「疲労」の文字はない。アクティビティの合間の休憩時間でも、彼らは走る。目の前にスキー場の斜面があれば迷うことなく斜面を登っていく。ひとりが走ると十数人が後を追う。保育士たちも慌てて後を追う。わたしは追わない。あきれて肩を落とす。

子どもたちはなぜ走るのか。たいていは理由もなく走るのだが、この時は理由があった。

斜面の上に白い服、白いマントを羽織り、牛の角が付いた仮面をかぶる山の王様、「マウントキング・グレート」がいたからだ。このプロレスラーのようなネーミングの王様は同園のオリジナルキャラクターで、夏の行事には欠かせない。ディズニーランドにおけるミッキーマウスのような存在である。

ここで正体を暴露するのはちょっと気が引けるが、王様に扮しているのは人事部で働く岡角《おかずみ》真人。中年男子、独身である。近寄ってマントの下のシャツを見たら、防暑構造でファンが2つ付いていた。

岡角は王様になりきっていた。

「ご苦労。取材で来たそうだな。私はもう6日間もこれを着ている。子どもたちのヒーローだから、暑くても汗をかいても、長袖長ズボンでしかも、マントとマスクだ。どうだ、キミのような一般市民にはこの暑さ、つらさは想像がつかんだろう。しかもだな、私はここに来る前から禁酒している。いつもは夕食の時に缶チューハイを飲むのだが、そうだな、もう2週間は飲んでいない。キミは缶チューハイは好きか？　そうか。うらやましいが、今晩はステージがある。今日が最後のステージだから、私は喉をつぶす覚悟で歌う」

王様はそれだけを言うと、悠々と歩き去った。王様にお付きはいない。保育士もスタッフも子どもたちにかかりっきりだから、王様はひとりでうろうろして、子どもに手を振る

王様の登場で子どもたちの盛り上がりは最高潮に達する

のである。しかし、子どもたちは王様が大好きだ。王様の後を追って行く。鼻の前に人差し指を当て、お互いに「しーっ」と言い合いながら、そろそろと歩いて行く。動物の後を追っているのと同じだ。

外部の制作会社ではいい映像は撮れない

夕方になると、子どもたちを入浴させ、そして、食事となる。子どもたちは昼間のアクティビティで汗をかいている。風呂へ入れるのだが、男子も女子も保育士が一緒に入って介添えする。大変なのは女子の髪の毛を洗うこと。わたしは見たわけではないけれど、保育士は一緒に入るが、髪の毛を洗うのは子どもだ。ひとりで髪の毛を洗う体験をさせるのである。問題はその後だ。シャンプーした後、頭を流して、浴室から出す。別の保育士が控えていて、バスタオルで頭と全身を拭く。それが終わると、もうひとりの保育士に女の子をパスする。受け取った保育士は手にドライヤーを持っている。間髪を入れず、髪の毛を乾かしていく。髪の長い女子の場合はどうしても乾かすのに時間がかかってしまう。この時、手早く乾かすのが自分でも子どもを育てたことのあるベテラン保育士だ。ベテラン保育士は可能な限り早く乾かす。そうでないと風邪をひいてしまうからだ。

アクティビティで遊ばせること、ナイフとフォークを使った食事をさせることはそれほど難しいことではない。しかし、髪の毛を乾かすことは宿泊するイベントがなければやらない。保育士にとってはやらなくてもいいことかもしれない。しかし、自分の子どもが生まれた時、知人の小さな子どもと旅行をした時、必ず役に立つ。

一泊二日のお泊まり体験で保育士が成長するのはこうした他の園では経験できないことに直面し、問題解決を迫られることだ。園にいればシャンプーも、髪の毛にドライヤーをかけることもない。子どもも保育士もさまざまな経験を積むことで、保育技術を磨いていくのである。

夜の7時過ぎからはスキー場につくった屋外の仮設舞台でスタッフと王様が歌を歌い、ダンスを踊る。仮設ではあるが舞台は鉄骨で組んだ本格的なそれだ。照明、音響はスタッフ、そして、コビーグループの映像制作会社ＣＩＳ Ｍｏｖｉｅ Ｗｏｒｋｓの社員が担当する。ただし、制作会社社員とはいえ、元は保育士である。

清水裕之は保育士として入社したが、今はＣＩＳ Ｍｏｖｉｅ Ｗｏｒｋｓに移籍し、各園の子どもたちの写真を撮り、動画を制作している。夏の行事では10日間、泊まり込みで映像の制作、編集に没頭した。

「代表の小林が映像制作の会社をつくりました。それまでは一般の映像制作会社に頼んでいたのですが、対象が保育園の子どもの映像だと質のいいものが上がってこなかった。どうしても、子ども向けのほんわかした映像になってしまう。それと、外の制作会社のカメラマンが撮ると、子どもがいい表情をしていても、それを見逃してしまうんです。彼らは映像のプロですけれど、子どもたちと一緒に過ごしているわけではありません。保育士の方が子どもがいい顔をするシーンをよくわかっている。それで、代表から『清水先生にやってもらう。会社もつくるからやってくれ』と言われました。僕は写真を撮るのが好きだったし、今の映像の仕事に向いていると思います」

ステージで死んでも悔いはない

かたしな高原の夏の午後7時は空に明るさが残っている。暗闇ではない。山の王様は舞台の下で静かに出番を待っていた。一生の友とも言える缶チューハイを飲まずに我慢していたのはこの日のステージに備えてのことだった。王様は独身で、高齢の父親と2人暮らしをしている。夕食の時、王様と父親は缶チューハイを飲みながら話をする。缶チューハイが２人をつなぐ。だが、夏のイベント前は黙々と食事をする。父親は夏になると息子が山の王様としてふるまい、ステージで熱唱することを知っているからだ。

そんな王様は舞台に登場すると爆発した。疾走感のある曲ばかりを選び、熱唱する。最後のナンバーは「友だちはいいもんだ」。劇団四季のミュージカル『ユタと不思議な仲間たち』の劇中歌だ。かつてのロックグループ、ゴダイゴが歌った。今はクレイジーケンバンドも歌っている。子どもたちは自然のうちに横にいるお友だちと肩を組み、体を揺らす。付き添ってきた保育士もまた体を揺らす。スタッフは踊り、そして、一緒に歌う。王様とダンサーはもちろん歌い、踊る。そして、夏の夜のステージはラストへ。

フィナーレの音楽が流れるなか、野外舞台の後方にある山に花火が上がった。花火師が打ち上げたのではなく、これもまた資格を持った実行委員会のメンバーがやる。花火を準備し、筒のなかに花火の玉を込め、パソコンを操作して音楽とシンクロさせて上げる。

かつては一発一発、筒に花火の玉を入れて手動であげていた。それを自動着火にし、コンピュータ制御した。音響、照明、映像だけでなく、花火まで自前で上げている。

子どもが大人になる時

ステージが終わったのが午後8時、子どもたちはホテル、ロッジへ戻り、眠りにつく。消灯時間は午後9時だ。一方、保育士たちはそれからがまた仕事だ。子どもたちはパジャマで眠る。朝起きたら、洋服、靴下に着替えるのだが、206人分の着替えを名前が書かれた袋に入れて用意しなくてはならない。これがまた大変だ。ひとりひとりの着替えを用意するだけでも時間がかかるのに、20人分くらいをひとりの保育士が担当する。

着替えが入った袋が部屋の隅に積み上げられていくのだが、その量に驚いてしまう。着替えの用意が終わると、ミーティングが始まる。代表の小林が1日の保育内容について講評する。ステージに出ていた王様やダンサーにも遠慮なくダメ出しをする。

「ステージの途中で雨が降ってきたでしょう。あの時、雨が降ってきちゃった、大変だという顔をしてはダメだ。雨だ。これも自然だ。保育士のみんなは雨を楽しもうって顔をしなければいけない。

子どもたちは大人を見ている。大人が楽しそうにしていないと、子どもが遠慮する。雨が降ろうが、槍が降ろうが、王様、ダンサーはステージではにこにこすること。引率のみんなも同じだ。何があっても笑って、自分も楽しむこと」

ミーティングは午前0時を過ぎても続いた。ダメ出しが続くなか、王様は歌唱をほめられて照れていた。

「マウントキングの歌は、今日はよかった。やる気が声に出ていた。明日、うちに帰ったら、缶チューハイを飲んでください」

小林は王様が禁酒しているのをよく知っていた。

午前1時、やっとミーティングが終わる。朝から働いていたスタッフ、保育士たちはやっと寝ることができるのだなと思っていたら、全員、顔を引き締めて、それぞれ子どもたちが眠る部屋へ向かっていった。

保育士は部屋の照明を半分だけつける。そして、子どもたちを起こす。夜中の1時である。熟睡している子どもを「さあ、起きよう」と立たせる。なんてことをするんだ、とわたしは思った。気持ちよく寝息を立てている子どもを揺り動かすなんて、そんなかわいそうな……。ひとつの部屋だけではなかった。どこの部屋でも保育士たちが子どもたちを起こしていた。

子どもたちは寝ながら歩いていた。保育士と手をつなぎ、お友だち同士でも手をつなぎ、ふらふらとトイレを目指す。トイレの前にいた保育士が眠っていた子どもを促して、おしっこをさせる。女の子は女子トイレの個室でおしっこをさせる、らしい。

何しろ子どもたちは立って歩いているけれど、実態は睡眠中だ。夜中に子どもたちにおしっこをさせるのがコビーの作戦だ。そうすれば絶対におねしょをしない。

寝る前に一度、おしっこをさせて、なおかつ、就寝中に一度、排尿させる。そうすればおねしょを防ぐことができる。

わたしは毎月、2回はコビーの保育園に行って取材をした。あらゆる行事を見た。運動会は感動した。発表会は感心した。しかし、いちばん胸を打たれたのは眠りながら、夢を見ながらおしっこをする子どもたちとその世話をする保育士の姿だ。子どもたちを真夜中に起こすことは普通の保育園では絶対にやらない。

「かわいそうだ」という声が上がるからだ。公立の保育園ではできない。だが、コビーは小林典子の時代からこれをやってきた。反対があろうが、子どもたちは絶大な自信を持つ。

「僕はおねしょしなかった」

「私はお泊まりしてもパンツを濡らさなかった」

子どもたちはおねしょしないことで、大人になる。眠ることを怖れなくなる。大きな自信と自由を手にする。

おねしょをしない子どもはどこへでも出かけることができる。おじいちゃん、おばあちゃんの家へひとりで泊まりに行くことができる。家族と一緒にホテルや旅館に泊まりに行くこともできる。オムツを持って旅行しなくてもいい。彼らはもう大人だ。どこでもひとりで行ける。夏の合宿とこのトレーニングは子どもたちに自信と自由を与える。真夜中に起こして、おしっこをさせることは人を自由にする。

しかし、これは勇気のある保育園経営者にしかできない。小林典子と小林照男にしかできない。

翌朝、子どもたちは前日の真夜中にあったことを少しも覚えていなかった。何もなかったかのような顔をして、飛び起きた。彼らが思うのは「自分は大人になった」ことだ。もう、おねしょを怖れない、大人になったのである。

子どもたちはかたしな高原からバスに乗って帰っていった。小林やスタッフ、マウントキングの岡角は手を振って見送る。バスに乗った子どもたちは自信に満ちた表情でおうように見送りに応える。

わたしは気づいた。

「王様は岡角ではなかった。王様はかたしな高原の子どもたちだ」

子どもたちは子どもとしてやってきたけれど、一晩、寝た後は王様になって帰って行った。

第12章 少子化への挑戦

茨城県境町の少子化対策

「地方自治体の課題は少子化問題の解決に道筋をつけること。それには移住してくださる方を増やさなければなりません。子育て支援、教育、住居、仕事先の確保、この4点セットが大事です。人口を増やすには子育て支援がいちばんです。そこで私はコビーさんの保育園に来てもらいました。その前にコビーさんが運営している保育園を見に東根市に視察に行きました。議会の人たちと一緒に行って、子育て施設のタントクルセンターを見て、そしてコビーさんの保育園も見学しました。感心しました。それで公募に応募していただいたわけです。私自身、3人の子どもを持つ親です。ひとりはコビーさんに預けています。保護者としてありがたいと感じています」

茨城県境町の町長、橋本正裕はそう話した。

境町と聞くと、「それはどこにある町なのか」と思うのが普通の人だろう。だが、実際に行ってみると、移住したくなるような魅力のある町なのである。同町には東京駅から高速バスが8便も出ている。乗車時間は約90分。町内にも近隣にも電車の駅がないので、都心とのアクセスはバスか自家用車になる。直通の高速バスがあれば格段に便利だ。

交通アクセスだけでなく、境町は次々と魅力的な施策を打ち出した。

なかでも子育て支援は数多く、出産を控えた親にとってはありがたい。医療費は子どもが何人いようと20歳まで無料だ。出産の場合、第三子以降の出生には最大、50万円がもらえる。そして、ひとり産むと、その都度、育児用品クーポンが3万円分もらえる。保育料は第二子以降は無料。保育園の給食費も無料。保育施設でのオムツの持ち帰りもない。通常、保育園では親がオムツを用意して、なぜか汚れたものは持ち帰ることになっている。これは煩わしいし、不衛生だ。境町の保育園では汚れたオムツは園が廃棄する。考えてみれば当たり前のことではないか。

同町の小学生、中学生は先進英語教育が無料だ。ＡＬＴ（外国人指導助手）の数だが全国平均は1校に０・８人だけれど、境町は３・４人となっている。英検の受験料（２５００円から1万２５００円）は全額補助する。何度受けても受験料は補助してもらえるけれど、これはなるべく一回で合格した方がいい。そして、希望する中学生には姉妹都市のホノルルへのホームステイが無料となる。同町は英語教育にお金をかけていて、「子どもの未来に投資」（橋本町長）するのがポリシーだ。

子育て支援と並んで力を入れているのが移住者に対しての手厚いサポートである。

同町には子育て応援住宅というものがある。

家賃5万8000円、3LDKで延べ床面積30坪の新築住宅である。そこに25年住んだら、タダで土地と家をもらうことができる。22棟の公募に220件の申し込みがあったので、抽選となった。最も遠いところから応募してきたのはベトナムに住んでいた商社パーソンだった。日本に帰ってからの住居を探していたのだが、同町の子育て支援と移住者支援を考慮して応募してきたのだという。

他にもある。

同町に引っ越して来て初めて住む人は最大4年間、町民税の50%相当額をもらうことができる。子育て新婚世帯は住宅の取得で50万円、町から支給される。移住者が住宅を取得したら固定資産税に相当する額を町が支給する（最大3年間）。賃貸住宅を住まいとしている子育ての新婚世帯には家賃に対して月額1万5000円を最長24か月支給する。引っ越し費用の補助も60万円だ。そして高校生、大学生が都内へ高速バスを使って通学する場合、

インタビューに応える茨城県境町、橋本正裕町長

定期券の半額を助成……。

これでもかというくらい、子育て世帯、移住者世帯を支援している。本書の冒頭で山形県東根市の子育て支援についても触れたが、境町は東根市と同様、危機感を持って日本の少子化問題の解決に挑んでいる。

橋本正裕は町の歴史を振り返って、説明する。

「うちは舟運《しゅううん》で栄えた河岸《かし》の町でした。昔は銚子から醤油を運んで来たり、日光から木を切り出してきたり、船問屋が何軒もあったのです。舟運で経済が活性化していました。ところが、舟運に頼り過ぎていたために鉄道、自動車交通に乗り遅れて不況になり、ピーク時には2万7000人いた人口が今は2万4500人になりました。ただ、近年、人口減はストップしていますよ。また、町の借金も多かったんです。1741ある市町村のなかで、かつては後ろから29番目という惨状だった。それも今はよくなっています。だが、10年前までは人口は減る、財政はひどいという状況だったのです。

僕は境町の生まれです。町の職員をやっていたけれど、このままじゃダメだと2003年に町議会議員に立候補して2014年に町長になりました。そこからはもう職員と一緒に必死になって働いた。まずは財政からです。ふるさと納税を増やして財源を確保しよう、と。就任した時、町に入ってくるふるさと納税の税額は年間でわずか6万5000円だった。どうにかしなきゃならんですよね。そこで資料を見ていたら、岐阜県の各務原市が79万円だったふるさと納税の額を1億円に増やしていたんです。それで視察に行きました。勉強してきました。結局、すでにあるものだけでなく、町の特産品をつくるしかないとわかりました。特産品がないと嘆いていたんじゃダメです。うちは干し芋の工場をつくってヒット返礼品にしました。うなぎの工場もつくりました。それから花火大会。町が主催する利根川大花火大会は全国でもトップクラスで3万発を打ち上げます。隅田川の花火大会で2万発ですから、それよりも多い。有料観覧席をつくってそこもふるさと納税の返礼品にしました」

橋本は財源を増やすためにふるさと納税を活用した。魅力的な返礼品をつくり、財源を確保したのである。それから子育て政策、移住者政策に注力した。ホノルルとの姉妹都市提携にも成功した。企業を誘致し、人工サーフィン、BMX、ホッケーフィールドの施設も建設した。全国で初めて公道を走る自動運転バスを実用運行させることにも成功した。国立競技場の設計者、隈研吾が設計・監修した施設を8つ、建築した。

こうした施策の連打が功を奏して同町には年間で180の団体が視察にやって来るようになった。地方自治体の間では注目の町になったのである。

「境町って、どこにあるの?」と言われていたのが、「茨城の奇跡」とも呼ばれるようになった。奇跡の町の生みの親、町長の橋本は「いい」と聞いたらどこへでも出かけていく。子育て支援政策では東根へ行った。ふるさと納税では各務原をベンチマークにした。どちらも議会の代表と一緒だった。行政と議会の代表が連れ立って行けば町に戻ってからの立法と議決をスピーディに行うことができる。自治体というよりも民間企業並みのスピードだ。

町の復活を成し遂げた橋本はなぜ、コビーがいいと思ったのか。

橋本は答えた。

「東根でコビーさんの保育現場を見たからです。そして、実際に来ていただいたら、納得しました。僕のところ、子どもが3人います。ひとりは今、保育園に通っています。町には9園あるのですが、上は別の保育園、下はコビーさんです。別の保育園も決して悪いわけじゃありません。しかし、コビーさんだと親は断然、楽です。別の保育園では子どものために『お箸セット』を持たせなければならなかった。持って行ったものは毎日、洗います。スモックも同じ、うちで洗います。水筒を用意して、お箸セットを洗って持たせる、園で着ているスモックも洗う。ところが、コビーさんは布団を持って行くだけで、あとは全部やってくれます。働くお母さん、働くお父さんは非常に助かります。それと行事ですね。うちの子は夏休みにコビー・サマー・アドベンチャーへ行って、興奮して帰って来ました。僕は行っていないけれど、ほんとに楽しかった、と。コピーさんみたいな保育園が増えていくと、田舎の町は助かります。コピーさんには保育園だけでなく、もっと上の学校もやってもらいたいくらいです。東根が少子化を止めているのは中高の一貫校があるからでしょう。地方自治体にとっては子育て支援がいちばん重要なんです」

卒園式

2024年3月9日、山形県東根市立ひがしね保育所では卒園式が開かれていた。東根市の3月、路面に雪はなかったが、式が始まる前には吹雪になった。定員150名の保育園では5歳児の39人が卒園する。園児たちが会場に入ってきた後、保護者が見守るなか、子どもたちが園で過ごした6年間の記録映像が流された。入園してきた0歳、1歳だった時の笑顔と卒園していく現在の笑顔が映し出されていく。過ぎていった時間が次々と目の前に現れ、保育士、保護者は映像を眺めているうちに切ない気持ちになる。

だが、それも仕方ない。同園では生後6か月から子どもを預かる。長くいる子は5年以上も親子のようにして暮らしている。入園式ではハイハイをしていた子が立ち上がり、少しずつ言葉を話すようになる。ミルクから流動食になり、ついには大人顔負けの食欲を見せる。オムツも取れて自分でトイレへ行けるようになる。コロナ禍の時も一緒に乗り越えた。それを見てきたのだから、齊藤志津香園長や保育士にとっては自分の子どもと同じだ。園長、保育士が泣くのは当たり前だ。なんといっても歩くことのできない頃から育てた子どもが巣立つのだから。

冒頭にも書いたが、東根市は人口が増え続けている町だ。子育て政策がしっかりとしているから、ひがしね保育所を出た子どもたちの大半は地元に住んで、地元の小学校、中学校、高校に通うだろう。ただ、大学となるとどうなるかはわからない。山形県から外に出る子も多いに違いない。

卒園式では巣立って行く子どもたちがひとりひとり、「将来、何になるか」を発表する。サッカー選手、7人。警察官、4人。保育所の先生（保育士）、4人。ケーキ屋さん、3人。消防士、2人。お医者さん、2人。看護師、2人。歌手、2人。お花屋さん、2人。工事の人、2人。美容師、1人。ペットショップの店員さん、1人。ダンスの先生、1人。ロボットをつくる人、1人。ドーナツ屋さん、1人。きょうりゅう（恐竜）博士、1人、ゲームクリエイター、1人。チアガールさん、1人。アイドルを育てる先生、1人。39人がそれぞれ、なりたい人になればいい。それがいちばん、幸せじゃないか。それにしてもサッカーは人気だけれど、野球選手になりたい子どもはひとりもいない。大谷翔平選手は小学校だけでなく、保育園にもグローブを配らなければならない。

楽しい空想

小林隆太朗、コビーの経営支援室室長だ。31歳。その時点では独身。父親は小林照男、母はわか子。三代目である。入社したのは2017年。慶應義塾大学に通っていたが、大学を愛するあまり普通よりも長く在学したため、入社はやや遅れた。隆太朗はコビープリスクールのだ園児第一号である。小学生の頃、学校から帰宅すると、隣にあるコビープリスクールのだで、園児の世話をしていた。少年保育士である。わたしが卒園式を見たいと言ったら、「案内します」と付いてきてくれた。

わたしは隆太朗に尋ねた。

「ひがしね保育所の園児はみんなしっかりしていて、目標を持っている。さて、隆太朗くんは保育園では将来、何になりたいって、言ったの?」

彼は間髪を入れずに答えた。

「パイロット。保育士だけは嫌でした。僕は年長さんの頃から保育を手伝っていましたから」

とはいえ、隆太朗はパイロットにならず、コビーの経営支援室長になった。現場の保育士ではなく、コビーの将来を考えて実行していく役目だ。

彼はこう言った。

「何年も前から少子化により最初に影響を受けるのは教育産業だと言われてきました。保育園、幼稚園がなくなって、小学校、中学校、高校、大学と影響が出るとされたのです。しかし、実は保育園はいちばん最後でした。幼稚園から大学までは子どもの数が減ると、入ってくる人が減ります。当たり前ですよね。ところが保育園は働くお母さんが増えたことにより、幼稚園に行っていたお子さんが保育園に入るようになった。それで保育園の寿命は延びたのです。しかし、待機児童もほぼなくなり、これからは本当に生き残りになります」

隆太朗が生き残るためのことを真剣に考えるようになったのは親子で京都に行った時だという。父親の照男が老舗の扇子店の前で立ち止まったまま、黙ってしまったからだ。

照男はその後、隆太朗にこんな話をした。

「隆太朗、コビーは京都の扇子屋さんを目指す」

コビープリスクール経営支援室長　小林隆太朗

不思議に思った隆太朗が、なぜ扇子屋さんなのかと尋ねたら、父親は怒った。

「隆太朗、お前は危機感が足りない。いいか、江戸時代、扇子屋さんは京都に何百軒もあったはずなんだ。だが、今はせいぜい10軒か20軒くらいのものじゃないか。扇子を使う人が減った。しかし、残っている店があるのも事実だ。今、残っている店は何かしら工夫して生き残っているんだ。少子化は今後も進む。コピーは京都の扇子屋さんを目指す。隆太朗、お前は具体的な計画をつくれ。扇子屋さんで働け」

隆太朗は反論しなかった。扇子店に就職するつもりはなかったが、父親の目の付けどころはいいと思った。生き残りの工夫をしなければコピーはつぶれる。

最新の人口動態統計（速報値）では2023年の出生数は過去最少の75万8631人。また婚姻件数も戦後初めて50万組を下回った。国立社会保障・人口問題研究所の推計より、およそ12年早いペースで少子化は進んでいる。もう残る時間は少なくなっている。

隆太朗はため息をつきながら言った。

「特に減っているのが婚姻件数です。これを増やさないとどうにもなりません。結婚したら夫婦が子どもを産まないと人口は増えません。子育て政策は子どもを増やす政策ではなく、移住しようとする家族を増やすのに有効な政策です。子ども自体を増やすには政府や地方自治体だけでなく、社会の全員が何かしら行動しないとだめです。しかし、同じ年代の友達を見ていると、男子も女子も結婚したい、子育てしたいって人はいないんですよ。子どもを産むのに前向きな人は本当に少なくなってきている。僕にはそれがいちばんの危機感です」

じゃあ、あなたが先頭を切って結婚したらいいのでは、と思ったけれど、言わなかった。セクハラ発言の範疇に入るからだ。わたしは忖度した。

すると、彼は言った。

「結婚することにしました」

おう、おめでとう。で、相手は？

「野地さんもご存じですよ。保育士です」

ということは小林家は小林典子の代から照男、わか子。隆太朗（少年保育士）、Xさんと三代続けて保育士一家になるわけだ。

隆太朗はごほんとわざとらしく咳払いをした後、「僕のことはどうでもいいのですが、結婚相談企業との提携を考えています」と言った。

「ただ、これも難しいことがわかりました。結婚相談企業、マッチングアプリは相当、普及しています。しかし、なかなか結婚まで到達しないようです。でも、何かやらないと。

考えてみれば僕の友人たちが結婚しないのもひとりでいてもそこそこ幸せだからでしょ

うね。在宅勤務して、スマホでゲームしてウーバーで食事を頼んでいれば外に出なくともひとりで生きていける。『そんなのは人生じゃない』という人はいます。しかし、現実にはそういう人がじりじりと増えています。そういう人をどうやって結婚させるか。難題ですが、チャレンジします。自分で結婚して、その良さを伝えます」

隆太朗の答えは個人的な感想だ。だが、的を射ているところはある。経験者が未経験者に「結婚はいいぞ」と伝える。これがいちばん効果的だ。だが、時と場所と相手を選ばないと「セクハラだ、不適切だ」と指摘されるのである。結婚をまわりに勧奨する行為が認められない限り、独身の人たちの懐疑的な態度は強固なままだろう。不適切だと言われても結婚勧奨するしか独身者は一歩を踏み出さない。

心のなかでは誰もが結婚できれば結婚したいだろう。そして、ひとりより2人でいたいだろう。その芽を摘んではいけない。

隆太朗が結婚を決めたのもわたしは父親の照男が継続的に結婚勧奨したからだと思う。何度もその場面を見た。

「野地さん、いい人いませんかね」

その言葉が隆太朗を少しずつ動かしたのだろう。そして、隆太朗はある日、ひとりより2人の方が楽しいと思った。すると、目の前に好きな人ができた。「結婚しよう」と言ったら、相手がこくんとうなずいた。ただ、それだけだ。

さて、経営支援室室長として彼は保育園だけのことを考えているわけではない。小学校をつくる計画も立てている。

「うちの園を出た子どもと保護者から『コピーが小学校をつくってくれたら安心するのに』と言われています。『コピーで食べるような給食を出して、放課後も預かってくれる小学校があれば嬉しい』

そういう声が昔からありました。僕らは準備を始めました」

小学校をつくるのは簡単ではない。小学校、中学校、高校、大学は生徒、学生が減ってきている。そのなかで新しい小学校をつくろうとするのは大きなチャレンジだ。

隆太朗は「答えは持っています」と言った。

「僕らは子どもたちに挑戦するんだ、経験するんだと教えてきました。CSA（コピー・サマー・アドベンチャー）でも、4歳、5歳の子どもたちに挑戦しよう、おねしょしないでお泊まりできるようにしようと言ってきました。すると、子どもたちはおねしょをしない自分を想像しながら眠りにつきます。そして、僕らは真夜中に起こして、おしっこさせる。おねしょしないでお泊まりできるように、子どもの成長を助けたんです。

子どもたちにチャレンジすることを勧めている僕らが小学校の設立にチャレンジしない

のはおかしい。子どもたちに『そんなんじゃダメ』と言われてしまいます。楽しい未来を想像して、いや、空想して小学校をつくるのにチャレンジします。僕はそう思ってます。父親からは『お前は甘い。危機感がない』と言われるかもしれませんけど」

ひがしね保育所の卒園式が終わったのは正午少し前だった。卒園生のうち、女の子は泣いている子が何人かいた。男の子は泣いていない。園長はずっと泣いていた。挨拶の時は寂しさから泣いたのだろうが、式が終わった後は立派になった子どもたちの姿を見た感動から泣いていた。

保育園には涙がある。悲しい涙ではなく、感動の涙がある。入園式（進級式）、運動会、夏の自然体験、学芸会、卒園式。保育士にとっては涙、涙の仕事である。けれども、感動して泣きたいからみんな朝早くから夜まで働く。うちに戻ってから、自分の子の面倒を見て、家事をしてから眠る。

子育ての一翼を担っている保育士は子どもたちの楽しい明日を考えている。子どもたちが健康で、しっかりした大人になる未来を空想しながら働いている。

隆太朗はため息をつきながら、言った。

「そうですね、僕らはみんな空想しながら働いているんです。楽しい空想をするのか、それとも苦しい空想をするのか。どちらかであるのなら楽しい空想をして働きたい。子どもたちも保育士も自分もこれからは『空想を大切にしていこう』って言うことにします」

おわりに

デンマークの童話作家、ハンス・アンデルセンはこう言っている。

「われわれの空想の物語は現実のなかから生み出される」


空想、たしかに大切だ。忘れてはいけない。


最後に。

わたしはコピーの卒園式には2度、出ている。

ひがしねの前は、あたごのコピープリスクールだった。

園長は小島由香里さん。がんと闘病しながら保育をしていた。

「頑張ろう、がんに負けないぞと生きてきたのは毎日、子どもたちに会えるからなんです。そして、子どもたちをギュッと抱きしめてあげることができるから」

小島園長はそう言って、かつらを取って、見せてくれた。抗がん剤の影響で、髪の毛は失われていた。

「子どもたち、それでも私のところにやってきて、ギュッとしてくれって。ええ、ギュッとしてあげます。いくらでも」

小島由香里さん。やさしいって、こういう人なんだなと思いました。何人、何十人、何百人の子どもをギュッとしてきたあなたは幸せな保育士だったと思います。2023年に亡くなった、小島さん、静かに眠ってください。

あの時、わたしも「ギュッとしてくれ」と頼めばよかったと思っています。

この本は小島さんをはじめとするギュッとする人たちのおかげでできました。ありがとうございました。編集の高橋徹さんもありがとうございました。

野地秩嘉

帯について

香川友プロはコピープリスクールのだに通っていました。

今回、本を出すことになったら、香川プロが「何か協力したい」とのことでした。

そこで帯に文章を書いていただきました。

なお、香川プロの父上、正宏さんは、私の母、小林典子の園にいらっしゃいました。親子二代、当園の卒園生です。

ありがとうございました。

小林照男

史上最年少でプロゴルファーになった香川友さん

著者プロフィール

野地秩嘉（のじ・つねよし）

1957年東京都生まれ。早稲田大学商学部卒業後、出版社勤務を経てノンフィクション作家に。人物ルポルタージュをはじめ、ビジネス、食や美術、海外文化などの分野で活躍中。『TOKYOオリンピック 物語』でミズノスポーツライター賞優秀賞受賞。『キャンティ物語』『サービスの達人たち』『高倉健インタヴューズ』『トヨタ物語』『ユーザーファースト 穐田誉輝とくふうカンパニー』『伊藤忠 財閥系を超えた最強商人』『図解 トヨタがやらない仕事、やる仕事』『名門再生 太平洋クラブ物語』ほか著書多数。

少子化に挑む保育園

コビープリスクールに見る解決のカギ

2024年6月6日　第1刷発行

著　者　野地秩嘉
発行者　鈴木勝彦
発行所　株式会社プレジデント社
〒102-8641　東京都千代田区平河町 2-16-1
平河町森タワー 13階
https://www.president.co.jp/
電話：編集（03）3237-3732
販売（03）3237-3731
編　集　高橋 徹
デザイン　竹内雄二
制　作　関 結香
販　売　桂木栄一　川井田美景　森田 巌
末吉秀樹　庄司俊昭　大井重儀
印刷・製本　中央精版印刷株式会社

ISBN978-4-8334-2532-2
Printed in Japan
落丁・乱丁本はおとりかえいたします。